"十二五"职业教育国家规划教材
经全国职业教育教材审定委员会审定

市场营销

广告实务

GUANGGAO SHIWU

《广告实务》编写组/组编

中国人民大学出版社
·北京·

图书在版编目（CIP）数据

广告实务 /《广告实务》编写组组编 . —北京：中国人民大学出版社，2019.1

“十二五”职业教育国家规划教材

ISBN 978 - 7 - 300 - 26167 - 6

I. ①广… II. ①广… III. ①广告学 - 高等职业教育 - 教材 IV. ① F713.80

中国版本图书馆 CIP 数据核字（2018）第 192568 号

“十二五”职业教育国家规划教材

经全国职业教育教材审定委员会审定

广告实务

《广告实务》编写组 组编

Guanggao Shiwu

出版发行	中国人民大学出版社		
社　　址	北京中关村大街 31 号	邮政编码	100080
电　　话	010 - 62511242（总编室）		010 - 62511770（质管部）
	010 - 82501766（邮购部）		010 - 62514148（门市部）
	010 - 62515195（发行公司）		010 - 62515275（盗版举报）
网　　址	http://www.crup.com.cn		
	http://www.ttrnet.com（人大教研网）		
经　　销	新华书店		
印　　刷	北京宏伟双华印刷有限公司		
规　　格	185 mm × 260 mm　16 开本	版　　次	2019 年 1 月第 1 版
印　　张	11.5	印　　次	2023 年 9 月第 2 次印刷
字　　数	185000	定　　价	38.00 元

编 写 组 成 员

主　编：唐　帆　姚秀芬

副主编：吴羚翎　刘英媛　唐　敏　罗永强

参　编：杨婉曼　潘翊翊　周庭辉　陈　烨　谢武权　郭彩兰

前言 ●○●

当今，在各种新技术及新媒体不断出现的形势下，广告行业展现了勃勃生机，对人才的需求量越来越大。同时，行业发展对专业人才提出了更高的实务知识与技能要求。职业院校应建立广告设计专业课程科学的职业技能核心能力培养体系，不断改革教育模式和课程体系，以提高学生的职业实务能力，满足知识经济时代的需要。

本书第一章让我们了解广告的基本知识。在这个前提下，第二章以理论结合实例的方式讲述广告设计平面构成和色彩构成原理。构成原理是广告设计的重要组成部分，它强调形态之间的比例、平衡、对比、节奏、律动、色彩、推移等，与此同时，也要讲究设计带给消费者的视觉引导作用，形成良好的推销效应。

广告设计的巧妙之处在于它的创意，因此，本书在第三章详细讲述广告设计创意思维与图形表现方法。创新性与求异性体现出不同经纬度的广告创意，满足受众求新、求异的心理需求，这更是一种创造性的思维活动。当然，如今承载各种宣传形式的广告媒体呈现多元化的发展状态，不同的广告设计对广告的宣传形态起着决定性的作用。从最初的口头宣传和手工绘图到电视媒体，再到互联网，广告设计的宣传形态有了突破性的发展，并越来越国际化、全球化。

本书第四章“广告设计综合实例”详细剖析当今多元化的广告设计，其中第一节重点介绍了广告文字设计，文字视觉的表现由文字在版面中的面积、比重及表现形式等因素决定，合理的文字视觉表现有助于版面信息的传递，并有利于画面视觉效果的表现，从而增强广告的视觉吸引力和张力，广告文字设计在常态的广告设计中起到了关键的作用；第二节用实例剖析新颖的设计技巧，展示广告设计案例，从常规的招贴设计、报纸及杂志广告设计、包装设计到如今主流的网络广告设计和移动端广告设计，都进行了详尽的剖析，力求融科学性、理论性、知识性和实用性于一体，对每个案例从理论知识到实际操作过程进行系统性、可操作性的详细步骤解读。第五章介绍广告设计的输出。附录为《中华人民共和国广告法》。本书的内容安排旨在让学习者对广告设计形成从无到有的全方位覆盖性认识。

本书由唐帆和姚秀芬任主编并负责统稿，具体编写分工为：第一章：周庭辉和唐帆；第二章：唐帆、杨婉曼和刘英媛；第三章：唐敏；第四章：姚秀芬、吴羚翎、潘翊翊和陈烨；第五章：罗永强、谢武权和郭彩兰。

本书具有结构合理、流程清晰、图文并茂、案例鲜活、通俗易懂等特点，总结和归纳了广告的创意精髓、制作和表现技巧，较为系统地阐述了广告设计与传播的基本原理和当今广告行业市场项目实例的实践成果。本书精选了一些国内外优秀的广告设计作品，具有很高的学习和欣赏价值，风格多样的图例可以帮助读者更加直观形象地理解理论知识。

编　者

目录

第一章

广告概述

| 内容提示 |

当今社会，广告就像空气一样，成为现代人生活的一部分。不论是翻阅报刊、凝视荧屏，还是放眼街道，都会发现各类广告无处不在。美国广告人大卫·奥格威曾经说过，这个世界是由空气、水和广告组成的。这句诙谐的话语表明广告在我们生活中占有重要的位置。广告是贸易的引擎，它与各行业的联系日益紧密，了解广告的起源与发展，我们才能更深层次地认识广告，才有利于探索现代广告的发展趋势，应对新的挑战。

| 本章重点与难点 |

1. 广告的起源
2. 广告的定义
3. 广告的分类和功能

第一节｜广告的起源与中国广告发展史

一、广告的起源

广告并非从一开始就带着浓重的商业气息，而是源于人们在社会生活中沟通信息的需要，因此，最初的广告是以社会广告的形式出现的。到了原始社会末期，随着生产力水平的提高和剩余产品的出现，人们为了方便商品交换，采取一些古老的广告形式向他人告知商品信息，商业广告应运而生。人类最早的广告形式有叫卖广告、实物陈列广告、招牌广告等。

文字在广告中的应用同样也有相当悠久的历史。据《左传》记载，禹铸九鼎以昭示天下。古巴比伦王国国王汉穆拉比曾将法典刻在石柱上告诉人民。禹的时代大约是在公元前 21 世纪，汉穆拉比则是在公元前 18 世纪，这都是早期比较有名的关于社会广告的记载，也是目前所知的最早的将文字用在广告中的记载。

除了典籍当中关于广告使用的文字记载之外，考古发现的实物也证明了广告有着悠久的历史。考古学家在挖掘埃及亚伯斯古城遗址时发现了一则写在羊皮纸上的文字广告，内容是悬赏一个金币捉拿一名逃跑的名叫谢姆的奴隶，据考证已有 3 000 多年历史。无论是文字记载还是考古实物，无论是商品广告还是社会广告，都有大量的证据证明广告有着非常悠久的历史。

广告在原始社会末期、奴隶社会初期应运而生，是商品生产和商品交换的必然产物。它的形成具备三方面的社会及经济因素：第一，商品所有权的转移，也称商流（人类有了商品交换的需要）；第二，商品信息在买卖双方之间的传递，也称信息流（人类有了沟通交流商品信息的需要）；第三，人类具备了广告形成的手段和方式的物质基础。

二、中国广告发展史

几千年前，由于生产力的发展和社会分工的出现，世界各文明古国均产生了最早的广告。而中国古代广告的发展史，可以说是人类广告发展史的一个缩影。

以中国社会形态的转变为标志，对中国广告发展史进行阶段性研究，可将其分为三个阶段：古代广告、近代广告及现代广告。

（一）古代广告

古代广告的形式主要有口头广告、实物广告、音响广告、招牌广告、幌子（也称悬物广告）、彩楼广告和印刷广告等。

1. 口头广告

口头广告又称叫卖广告，是最原始、最简单，也是至今仍常见的广告形式之一。姜子牙“鼓刀扬声”，小贩将叫卖内容编成歌曲、小调等都是广告宣传，不同行业的小贩有不同的腔调。图 1–1 所示为口头广告的表现形式。

图 1–1　口头广告

2. 实物广告

实物广告是以商品自身为媒体的广告。商人或持所售商品，或将经营的商品悬挂于店铺门前，或将商品陈列于顾客易见之处，以招揽生意。实物广告是一种最原始的广告形式，是古代交换、推销货物时普遍应用的广告方法。实物广告至今仍是商业广告中最基本的形式，如玻璃橱窗、超市内展示的商品实物。实物广告如图 1–2 所示。

图 1–2　实物广告

3. 音响广告

音响广告是利用工具所发出的音响来代替口头叫卖，招徕顾客。《诗经》载有商人在卖麦芽糖时以吹箫为号，南宋时茶摊子往往敲响盏唱卖，布贩子摇拨浪鼓，货郎打小铜锣，补锅的敲大铜锣，卖油的敲油梆子，等等。音响广告如图 1–3 所示。

图 1–3　音响广告

4. 招牌广告

招牌多用于指示店铺的名称和字号，也可称为店标。招牌的形式分为竖招、横招、坐招和墙招。旅店门前的“未晚先投宿，鸡鸣早看天” 和酒楼门前的“世间无此酒，天下有名楼”的对联就是招牌广告。招牌广告如图 1–4 所示。

图 1–4　招牌广告

5. 幌子（悬物广告）

幌子主要表示经营的商品类别或不同的服务项目，可称为行标。幌子大致可分为形象幌、标志幌、文字幌。

形象幌以商品实物、模型、图画为特征。各行业有约定俗成的幌子，如酒店挂葫芦、酒坛，客店挂笊篱、扫把、筐， 饭店挂谷穗、罗圈。形象幌如图 1–5 所示。

标志幌主要是旗幌，尤以酒旗为多。例如，唐代杜牧有“水村山郭酒旗风”的诗句；《韩非子·外储说右上》有：宋人有酤酒者，遇客甚谨，为酒甚美，悬帜甚高……标志幌如图 1-6 所示。

文字幌大多以几个字简单地表示经营类别，如图 1-7 所示。

图 1-5　形象幌

图 1-6　标志幌

图 1-7　文字幌

图 1-8　彩楼广告

6. 彩楼广告

彩楼广告实质是商店的门面装潢，使商店的门面装饰别具一格。旧时彩楼广告主要用在酒店，如《东京梦华录》中记载，宋时汴京 “凡京师酒店，门首皆缚彩楼欢门”。彩楼广告如图 1-8 所示。

7. 印刷广告

印刷广告是古代广告中比较先进的一种广告形式。在宋代，毕昇发明了活字印刷术，印刷广告的历史由此而展开。我国现存最早的印刷广告是北宋时期济南刘家功夫针铺的广告铜版，据说也是世界上现存最早的印刷广告。铜版四寸见方，上方标明店铺字号“济南刘家功夫针铺”，正中有店铺标记——白兔捣药图，并注明“认门前白兔儿为记”，下方广告文辞称：“收买上等钢条，造功夫细针，不偷工，民便用，若被兴贩，别有加饶，请记白。”如图 1–9 所示。这则广告的成功之处在于：（1）平面设计，广告文案一应俱全；（2）兼顾批发和零售，有针对性地对消费群进行宣传；（3）体现了信用和质量；（4）这幅白兔捣药图来自“嫦娥奔月”的传说，在古时百姓心中有很深的认知度，所以也很符合现代广告的要求——抓住消费者心理。

图 1–9　济南刘家功夫针铺广告铜版

（二）近代广告（清朝末期至 20 世纪 40 年代末）

我国近现代广告业源自报刊的产生。自辛亥革命推翻了腐朽的清政府，报刊业随之出现了空前的繁荣，全国报社达 500 多家，报纸总销量达到 4 200 万份。第二次鸦片战争后，《申报》创办，它是中国近现代影响最大的商办报纸，十分重视广告经营。《申报》的创办标志着中国广告代理形式开始萌芽。许多著名的品牌也是在这一时期脱颖而出的，比如上海鹤鸣鞋帽商店等。鹤鸣鞋帽商店不仅利用报纸为其大力宣传，还把广告做在送货车上，为职工定做统一的广告衫。

中国近代标志性广告形式有：（1）月份牌、香烟牌；（2）报刊纸质广告；（3）路牌、车体及站牌广告；（4）广播广告；（5）霓虹灯广告；（6）大橱窗广告；（7）电影广告、招贴广告；（8）空中广告。

（三）现代广告（20 世纪 50 年代至今）

20 世纪 50—70 年代受计划经济体制和政治环境的影响，广告业处于停滞状态。1978 年十一届三中全会后，广告业得以恢复。

1. 初步恢复阶段（20 世纪 70 年代末到 80 年代初）

这个阶段主要是为广告正名以及初步恢复广告业。1979 年 1 月 14 日，一篇刊登在上海《文汇报》上的文章《为广告正名》引起了人们思想的震动。而在 1979 年的 1 月 4 日，《天津日报》已经登出了一则“天津牙膏主要产品介绍”的广告，这则广告是有据可查的中国改革开放之后的第一条消费品报纸广告。

2. 探索发展阶段（20 世纪 80 年代中期到 90 年代中期）

这个阶段的标志性事件是 1984 年 8 月，北京广告公司在《企业经营管理纲要》中正式提出："在 80 年代将公司建设成为一个以广告创意为中心，能提供全面服务，在国内属一流水平，在国际有影响、有信誉的公司。"

这个阶段，广告发展具有以下几个特点：第一，名人代言广告风云乍起。1985 年，李默然代言三九药业，开创中国名人代言广告的先河。1988 年，潘虹为霞飞"中国一号"拍摄广告，成为中国第一位为广告代言的女演员。同年，容声冰箱广告由汪明荃代言，汪明荃成为在内地第一个拍广告的香港演员。第二，消费者导向从容浮现。例如，20 世纪 80 年代末的一则广告，"白丽香皂：今年 20，明年 18"。第三，理性诉求广告试水启航。例如，西安杨森制药有限公司的"吗丁啉"和"息斯敏"广告。第四，感性诉求广告引导潮流。例如，广告"南方黑芝麻糊·怀旧篇"和"孔府家酒·回家篇"。

3. 转型发展阶段（20 世纪 90 年代中期至今）

这个阶段广告市场增幅趋缓，广告管理依法进行。1994 年 10 月 27 日，第八届全国人民代表大会常务委员会第十次会议通过了《中华人民共和国广告法》，该法于次年的 2 月 1 日起正式实施。此外，媒介格局发生了变化，广告主趋向成熟，广告公司迅速发展。根据《外商投资广告企业管理规定》（已废止），2005 年 12 月 10 日以后允许设立外资广告企业，广告行业格局顺应经济全球化发展趋势。

第二节｜广告的定义和意义

一、广告概念的流变

广告的英文 Advertising，据考证源于拉丁文 Advertere，其意为注意、诱导、传播。中古英语时代（约 1300—1475 年），Advertere 演变为 Advertise，其含义衍化为“使某人注意到某件事”，或“通知别人某件事，以引起他人的注意”。17 世纪末，英国开始进行大规模的商业活动，“Advertise”一词广泛地流行并被使用。此时的“广告”，已不单指一则广告，而是指一系列的广告活动。静止的物的概念的名词“Advertise”被赋予现代意义，转化成为 Advertising，指完整的广告活动，而 Advertisement 一般指的是独立的广告作品。汉语的广告一词则源于日本。

1890 年以前，西方社会对广告较普遍认同的一种定义是：广告是有关商品或服务的新闻。

1894 年，美国现代广告之父阿尔伯特·拉斯克尔认为，广告是印刷形态的推销手段。这个定义含有在推销中劝服的意思。

1948 年，美国市场营销协会的定义委员会形成了一个有较大影响的广告定义：广告是由可确认的广告主，对其观念、商品或服务所作之以任何方式付款的非人员式的陈述与推广。

美国广告协会对广告的定义是：广告是付费的大众传播，其最终目的为传递情报，改变人们对广告商品之态度，诱发人们的行动而使广告主得到利益。

二、广告的定义

广告，即广而告之之意，是为了某种特定的需要，通过一定形式的媒体，公开而广泛地向公众传递信息的宣传手段。广告有广义和狭义之分。

广义广告包括非经济广告和经济广告。非经济广告指不以营利为目的的广告，又称效应广告，如政府行政部门、社会事业单位及个人的各种公告、启事、声明等，主要目的是推广；狭义广告仅指经济广告，又称商业广告，是指以营利为目的的广告，通常是商品生产者、经营者和消费者之间沟通信息的重要手段，或企业占领市场、推销产品、提供劳务的重要形式，主要目的是扩大经济效益。

（一）广告的本质

广告的本质有两个：一个是广告的传播学方面，广告是广告业主面向受众群体的一个传播手段和技巧；另一个指广告本身的作用是商品的利销。总体说来，广告是面向大众的一种传播手段。艺术的高雅性决定了它的受众只能是小众，而不是绝大多数人，所以成功的广告是让大众都接受的一种广告文化，而不是所谓的脱离实际的高雅艺术。广告的效果从某种程度上决定了它究竟是不是成功的。

（二）广告的特点

广告不同于一般的大众传播和宣传活动，主要表现在：

（1）广告是一种传播工具，是将某一项商品的信息，由这项商品的生产或经营机构（广告主）传送给一群用户和消费者。

（2）做广告需要付费。

（3）广告进行的传播活动是带有说服性的。

（4）广告是有目的、有计划的，是连续的。

（5）广告不仅对广告主有利，而且对目标对象也有好处，它可使用户和消费者得到有用的信息。

（三）广告定义的核心内容

（1）广告必须有可识别的“广告主”（也称“广告客户”），即广告行为的主体。

（2）广告所传播的不仅仅是关于有形产品的信息，还包括关于服务和观念的信息。

（3）广告，一般指商业广告，是有偿的。

（4）广告是由一系列有组织的活动构成的。

（5）广告是非人员的信息传播活动。

（6）广告是劝服性的信息传播活动。

三、广告存在的意义

广告可以传达信息、树立品牌形象，从而引导消费、满足消费者。广告存在的意义主要包括下述几个方面。

（一）准确传达信息

广告有明确的目的性，准确传达信息是广告的首要任务。现代商业社会中，商品和服务信息绝大多数是通过广告传递的，平面广告通过文字、色彩、图形将信息准确地表达出来，而二维广告则通过声音、动态效果传达信息。通过以上各种方式，商品和服务才能被消费者接受和认识。

（二）树立品牌形象

企业的形象和品牌决定了企业和产品在消费者心中的地位，这一地位通常靠企业的实力和广告战略来塑造与维护。在平面广告中，报纸广告、杂志广告由于受众广、发行量大、可信度高而具有很强的品牌塑造能力，再结合二维广告，则可以使品牌塑造能力大大增强。

（三）引导消费

平面广告如购物指南、房产广告等，一般可以直接送到消费者手中，信息详细具体，因此可以引导消费者去购买产品。二维广告则可以通过动态效果的影响，促使消费者消费。

（四）满足消费者

一个色彩绚丽、形象生动的广告作品，能以其非同凡响的美感增强广告的感染力，使消费者沉浸在商品和服务形象给予的愉悦中，自觉接受广告信息的引导。因此，广告设计是物质文化和生活方式的审美再创造，其通过夸张、联想、象征、比喻、诙谐、幽默等手法对画面进行美化处理，使之符合人们的审美需求，进而激发消费者的审美情趣，有效地引导消费者的消费观念。

第三节 | 广告的分类和功能

一、广告的分类

合理的广告分类是广告策划的基础，是整个广告设计和制作过程的依据。广告可以根据不同属性进行分类。

（一）根据广告的传播媒介分类

1. 印刷类广告

印刷类广告主要包括印刷品广告和印刷绘制广告。印刷品广告有报纸广告、杂志广告、图书广告、招贴广告、传单广告、产品目录、组织介绍等。印刷绘制广告有墙壁广告、路牌广告、工具广告、包装广告、挂历广告等。

2. 电子类广告

电子类广告主要有广播广告、电视广告、电影广告、电子显示屏幕广告、电脑多媒体广告、霓虹灯广告等。

3. 实体广告

实体广告主要包括实物广告、橱窗广告、赠品广告等。

（二）根据广告进行的地点分类

1. 销售现场广告

销售现场广告指设置在销售场所内外的广告，主要包括橱窗广告、货架陈列广告、室内外彩旗广告、卡通式广告、巨型商品广告等。

2. 非销售现场广告

非销售现场广告指存在于销售现场之外的一切广告形式。

（三）根据广告的内容分类

1. 商业广告

商业广告是广告中最常见的形式，是广告学理论研究的重点对象。商业广告以推销商品为目的，是以向消费者提供商品信息为主的广告。例如，便利店促销广告、饮料广告。

2. 文化广告

文化广告是以传播科学、文化、教育、体育、新闻出版等为内容的广告。例如，文化类广告、体育类广告、出版类广告。

3. 社会广告

社会广告指提供社会服务的广告。例如，为社会福利、医疗保健、社会保险以及征婚、寻人、挂失、招聘工作、住房调换等发布的广告。

4. 政府公告

政府公告指政府部门发布的公告，也具有广告的作用。例如，公安、交通、法院、财政、税务、工商、卫生等部门发布的公告性信息。

（四）根据广告目的分类

1. 产品广告

产品广告指向消费者介绍产品的特性，直接推销产品，目的是打开销路、提高市场占有率的广告。

2. 公共关系广告

公共关系广告指以树立组织良好社会形象为目的，使社会公众对组织增加信心，以树立组织声誉的广告。

（五）根据广告的表现形式分类

1. 图片广告

图片广告主要包括摄影广告和信息广告。

2. 文字广告

文字广告指以文字创意来表现广告内容的形式。文字广告能够给人以想象和联想的余地。

3. 表演广告

表演广告指利用各种表演艺术形式，通过表演者的艺术化渲染来达到广告目的的广告形式。

4. 说词广告

说词广告指利用语言艺术和技巧来影响社会公众的广告形式。大多数广告形式都不可能不采用游说性的语言，重点宣传企业或产品的某一个方面，甚至某一点的特性，在特定范围内利用夸张手法进行广告渲染。

5. 综合性广告

综合性广告指把几种广告表现形式结合在一起，以弥补单一艺术形式不足的广告。

（六）根据广告的阶段性分类

1. 倡导广告

倡导广告又称始创式广告，目的在于在市场上开辟某一类新产品的销路或某种新观念的导入。此种广告重点在于使人知晓。

2. 竞争广告

竞争广告又称比较式广告，是通过将自己的商品与他人的商品做比较，从而显出自己的商品的优点，使公众选择性认购。此种广告重点在于突出自己的商品的与众不同。许多国家在广告立法上对于比较式广告有一定限制。

3. 提示广告

提示广告又称提醒广告、备忘式广告，是指商品销售一段时期已经为大众所熟悉后，经常将商品的名称提示给大众，以促进商品销售。

除上述分类之外，广告还有许多其他分类方法。如按广告诉求方式，可将广告分为理性诉求广告和感性诉求广告；按广告产生效果的快慢，可将广告分为时效性广告和迟效性广告；按广告对公众的影响，可将广告分为印象型广告、说明型广告和情感诉说型广告；按广告的目标对象，可将广告分为儿童广告、青年广告、妇女广告、高收入阶层广告、工薪阶层广告；按广告在传播时间上的要求，可将广告分为时机性广告、长期性广告和短期性广告；等等。

二、广告的功能

广告业的发展与进步，主要原因在于生产力的极大进步造成大多数商品已经处于供过于求的状态，消费者在物质消费方面有了更大的选择范围，同时也是由于物质生活高度发达而带来的更高层面的文化和精神需求。广告宣传活动作为向消费者传达商品信息、树立企业形象的重要工具，成为密切联系生产和消费的桥梁，是企业市场营销工作的重要组成部分。

总体来看，广告具有以下几种功能。

（一）传播功能

商业广告最重要的功能是把商品和服务方面的信息传递给消费者。通过了解消费市场所反映的消费者的需求信息，以及对广告的反馈，可以使企业活动更加符合市场的需求。广告对于生产者来说，是了解市场信息的渠道；对于消费者来说，则是商品信息的来源。企业通过广告活动了解市场信息，根据市场信息的反馈不断调整企业的经营策略，根据市场的需求制定相应的产品和销售策略，以增强企业的市场竞争能力。

（二）经济功能

经济功能是广告的重要功能，也是人们承认并肯定广告的原因之一。广告与经济活动联系在一起，可以促进产品销售，有助于社会生产与商品流通的良性循环，加速商品流通和资金周转，提高社会生产活动的效率，为社会创造更多的财富。

（三）社会功能

20 世纪初期，西方大工业生产和现代化进程的加速是现代广告勃兴的社会原因。有人将大众广告的影响力与学校和教会相提并论。由于产品日益丰富和广告舆论兴起，人类社会被称为“消费者社会”。“当品牌成为家庭词汇的时候，当包装、加工的食品广泛出现的时候，当汽车占据了美国文化的中心位置的时候，消费者社会就在 20 世纪的美国产生了。”美国和日本的民意调查显示，人们正以他们的消费数量来衡量是否成功，并且这种状况呈增长趋势。广告以多种形式刺激人的物质欲望，鼓吹个体的物质利益和物质享受，掀起一波又一波的消费舆论，成为“消费文化”的关键性角色。

（四）审美功能

好的广告，实际上就是精美的艺术品，不仅真实、具体地向人们介绍了商品，而且让人们通过对作品形象的观摩、欣赏，产生丰富的生活联想，树立新的消费观念，增加精神上美的享受，并在艺术的潜移默化之中产生购买欲望。良好的广告还可以帮助消费者树立正确的道德观、人生观，并且给消费者科学技术方面的知识，陶冶人们的情操。广告只有以美的形象、美的语言、美的形态等向大众传播信息，才具有感染力和冲击力，有效地激发消费者的兴趣和欲望，改变消费者的行为。

｜作业布置｜

1. 古代广告共分为哪几种形式？
2. 幌子广告可以分成哪几种？
3. 请你以“广告和我的一天”为题，讲一讲广告是如何进入你的日常生活的。
4. 请列举你见到的广告，并从多方面指出其归属类别。

第二章

广告设计构成原理

| 内容提示 |

平面构成是广告设计构成的一个重要组成部分，它是一种理性的艺术活动，在强调形态之间的比例、平衡、对比、节奏、律动、推移等的同时，又要讲究图形给人的视觉引导作用，对于培养形象思维能力和设计造型能力具有重要的意义。色彩是广告表现的一个重要因素，人们对广告的第一感觉往往是通过色彩得到的，色彩能向消费者传递商品信息，与消费者的生理和心理反应密切相关。色彩对广告环境和人们的感情活动都具有深刻影响，独具特色的色彩语言能塑造企业和品牌形象，使消费者在不同的商品中更易识别和产生亲近感，能激发消费者的购买欲望。

| 本章重点与难点 |

1. 发射构成、对比构成和变异构成的概念
2. 三大构成的形成和分类
3. 三大构成在广告设计中的运用案例
4. 色彩的视知觉、表现功能在广告设计中的运用
5. 色彩的搭配在广告设计中的运用

第一节 | 广告设计平面构成原理

一、发射构成在广告设计中的运用

（一）发射的概念

发射指骨骼线或单位形环绕一个或多个中心做的发射状构成。发射有两个显著的特征：

（1）发射具有很强的聚焦，这个焦点通常位于画面的中央。

（2）发射有一种深邃的空间感和光学的动感，使所有的图形向中心集中或者由中心向四周扩散。

（二）发射构成的形成

1. 发射骨骼的构成因素

发射骨骼的构成因素有两方面：

（1）发射点：即发射中心，焦点所在。一幅发射构成作品，其发射点可以是一个也可以是多个，可以是大的也可以是小的。

（2）发射线：即骨骼线。它有方向（离心、向心或同心）、线质（直线、折线或曲线）的区别。

2. 发射骨骼的种类

（1）离心式：基本形由中心向外扩散，发射点一般在画面的中心，有向外运动的感觉，是运用较多的一种发射形式。

由于基本形的不同，它有直线发射和曲线发射等不同的表现形式。直线发射就是从发射中心以直线向外发射，如图 2–1 所示。直线发射又包括单纯性构成和复合构成。曲线发射由于发射线方向的渐次变化，能表现出曲折的特征，线的变化使人感到柔和而多样，如图 2–2 所示。

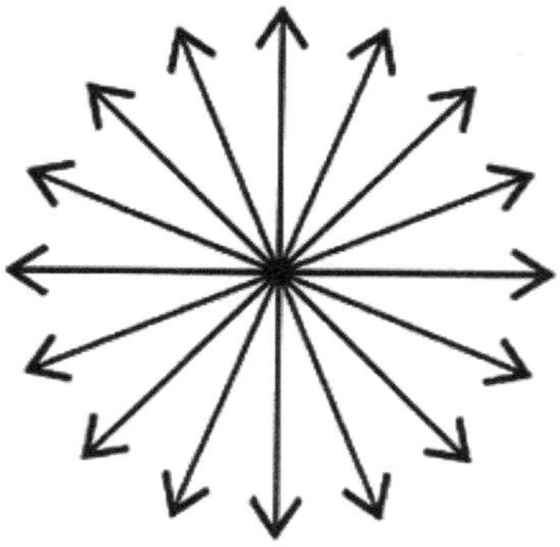

图 2–1　直线发射

图 2–2　曲线发射

（2）向心式：基本形由四周向中心归拢，形成发射点在画面外的效果，如图 2–3 所示。

图 2–3　向心式

（3）同心式：基本形层层环绕一个中心，每层基本形的数量不断增加，形成实际上的扩大的结构、扩散的形式，如图 2–4 所示。

（4）多心式：基本形以多个中心为发射点，形成丰富的发射集团。这种构成效果具有明显的起伏状，空间感也很强。如图 2–5 所示。

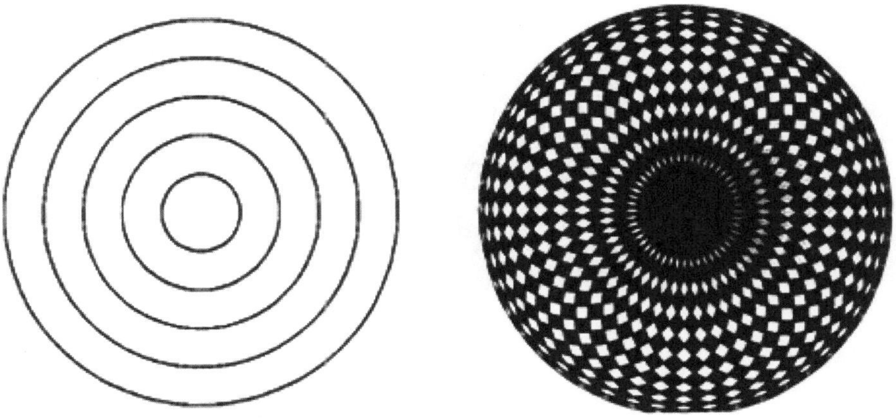

图 2-4　同心式

图 2-5　多心式

离心式、向心式、同心式、多心式在实际设计中可以组合使用，不同形式的发射骨骼叠用，或者不同形式的发射骨骼与重复、渐变骨骼叠用，都可以取得丰富多变的效果。但要注意结构单纯、清晰、有序，方能取得良好的视觉效果。

（三）发射构成在广告设计中的运用案例

正因为发射具有向外运动的感觉，有很强烈的视觉效果，能够突出商品的主体特征，很受商家的青睐，故在目前商业广告中有很广泛的运用。下面我们举例说明发射如何应用于商业广告以及具体的操作步骤，最后的效果预览如图 2-6 所示。

图 2-6　发射广告案例

（1）执行“文件”中的“新建”命令（快捷键“Ctrl+N”），在弹出的“新建”对话框中对其参数进行设置，完成后单击“确定”按钮。效果如图 2-7 所示。

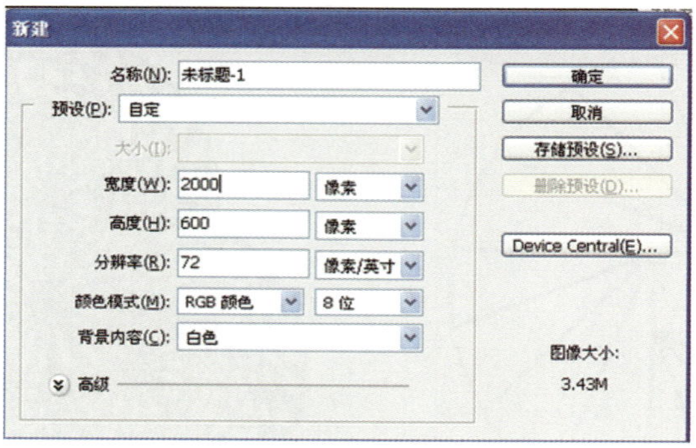

图 2-7　新建文件

（2）新建图层，并填充图层颜色为蓝色，按快捷键“Alt+Delete”。参数设置如图 2-8、图 2-9 所示。

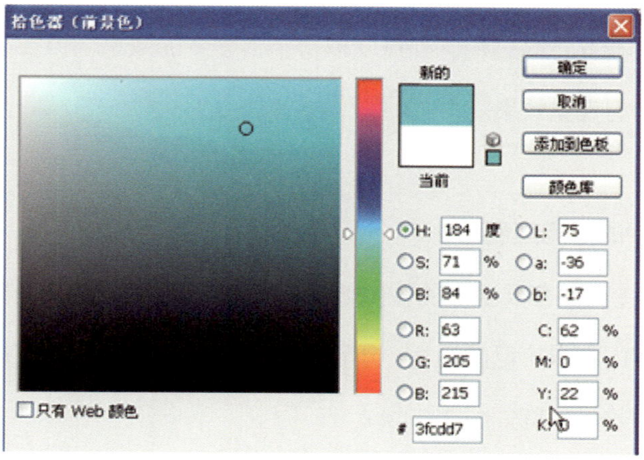

图 2-8　拾色

图 2-9　填充图层

（3）新建图层，用矩形选择工具绘出竖条长方形并填充为白色，如图 2–10 所示。

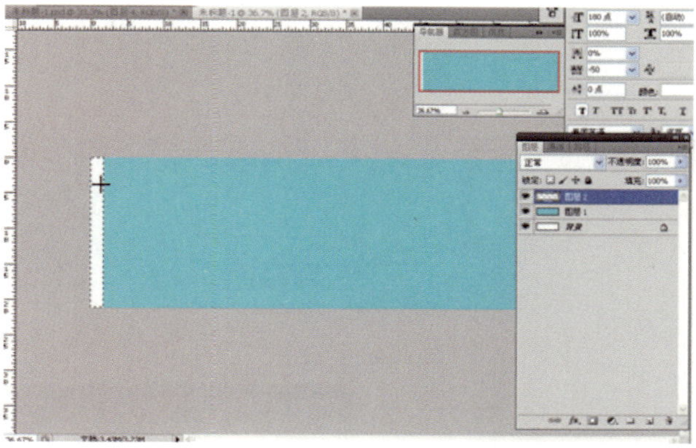

图 2–10　绘出竖条长方形

（4）复制一个图层，按快捷键“Ctrl+J”，然后自由变换，按“Ctrl+T”向右移动到合适的位置，如图 2–11 所示。按住“Ctrl+Shift+Alt+T”组合键重复上一个动作，如图 2–12 所示。

图 2–11　复制竖条长方形

图 2–12　完成复制

(5) 选中所有图层副本合并图层，按快捷键“Ctrl+E”，如图 2–13 所示。接着自由变换，按快捷键“Ctrl+T”，然后鼠标右击选中透视调节图层成“倒梯形”，如图 2–14 所示。调整不透明度，如图 2–15 所示。

图 2–13　选中合并图层

图 2–14　倒梯形

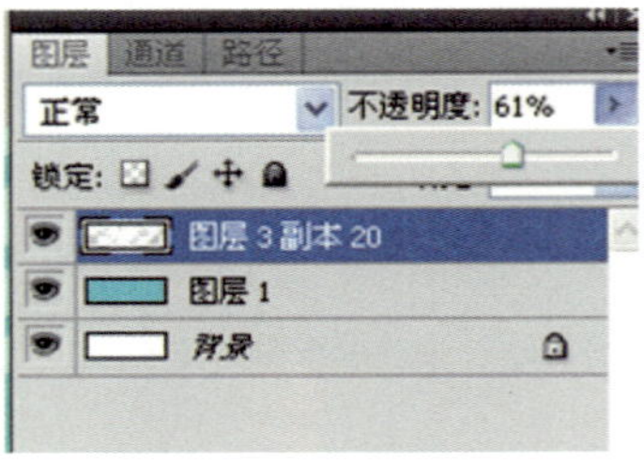

图 2–15　调整不透明度

(6) 新建图层，制作背景波浪，用多边形套索工具或钢笔工具绘制出波浪的形状，并填充颜色。如图 2–16 所示。

图 2–16　绘制波浪形状

(7) 新建图层，制作装饰背景，使用多边形套索工具或钢笔工具绘制出图中间的装饰图形。如图 2–17 所示。

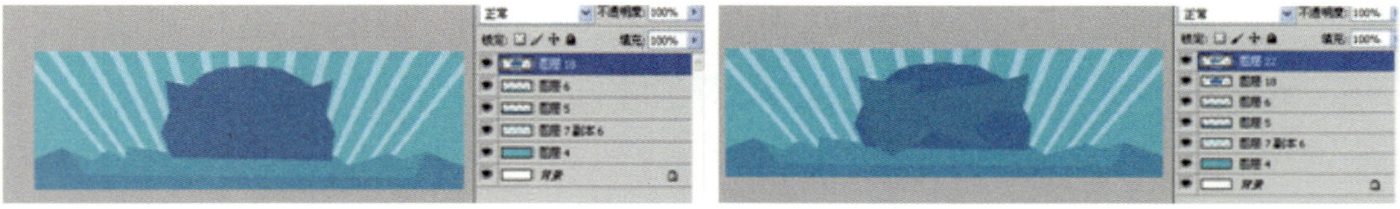

图 2–17　绘制装饰图形

（8）用多边形工具更改边数为 3，如图 2–18 所示。然后绘制出三角形，栅格化图层，载入三角形选区，选择修改，如图 2–19 所示。收缩设置，如图 2–20 所示。最后选择三角形图层点击“Delete”键，效果如图 2–21 所示。

图 2–18　参数设置

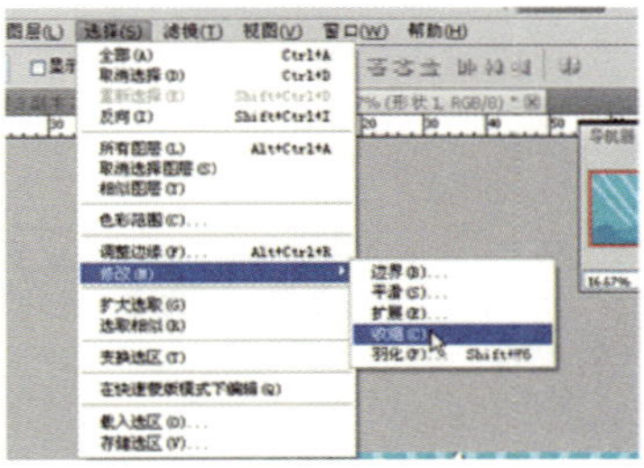

图 2–19　修改

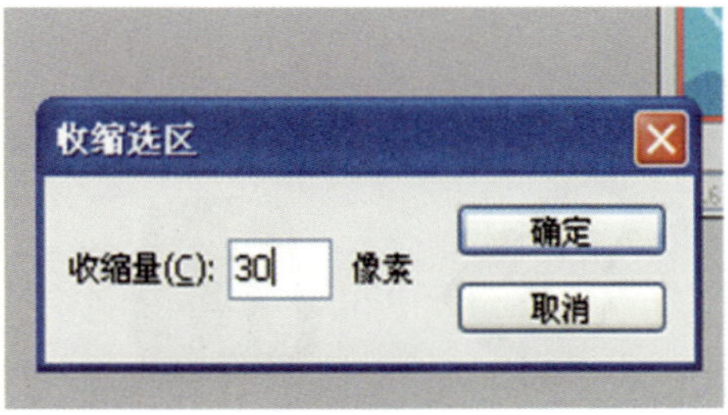

图 2–20　收缩设置

图 2–21　三角形效果

(9) 使用钢笔工具或多边形套索工具在样板图中抠出文字“陪你疯一夏”。用文字工具打出“我要价”“每满 100 减 30，钜惠开抢”“买一送一，优惠空前”。如图 2-22 所示。

图 2-22 文字效果

(10) 拉入如图 2-23 所示的电器素材并调整大小、排列和不透明度。效果如图 2-24 所示。

图 2-23 电器素材

图 2-24 电器效果

(11) 拉入如图 2-25 所示的组合电器素材，效果如图 2-26 所示。新建图层，制作投影，完成效果如图 2-27 所示。

图 2-25　组合电器素材

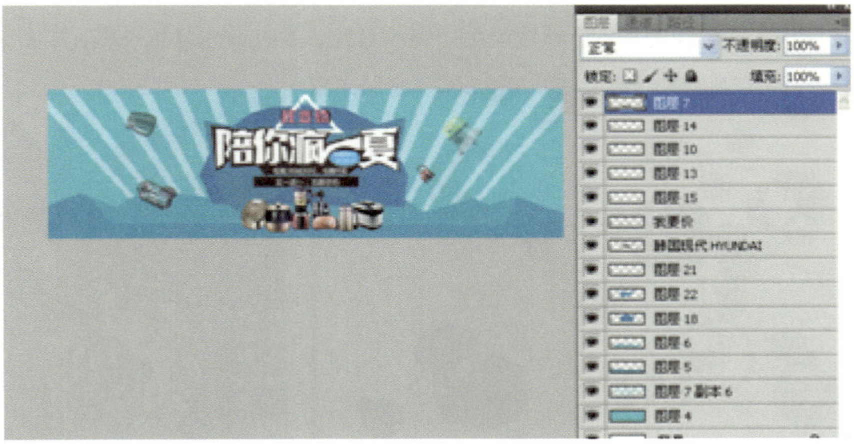

图 2-26　电器组合效果

图 2-27　发射广告成品

二、对比构成在广告设计中的运用

（一）对比的概念

对比是一种不以骨骼线为限制，强调构成中同一因素的差异性，使在视觉上带有显著对照效果的自由性的构成形式。对比构成的视觉效果强烈、肯定，富有个性和美感。

对比有时是形态上的对比，有时是色彩和质感的对比，对比可产生明朗、肯定、强烈的视觉效果，给人留下深刻的印象。构成对比的关系包括大小、明暗、锐顿、轻重等。

（二）对比的分类

（1）形状：完全不同的形状，固然产生一定的对比，但应该注意统一感，如图 2–28 所示。

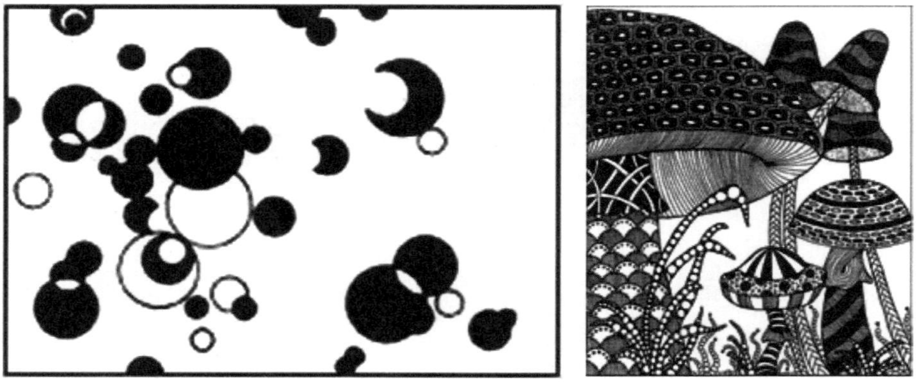

图 2–28　形状对比

（2）大小：形状占画面的面积大小不同，线的长短不同所形成的对比，如图 2–29 所示。

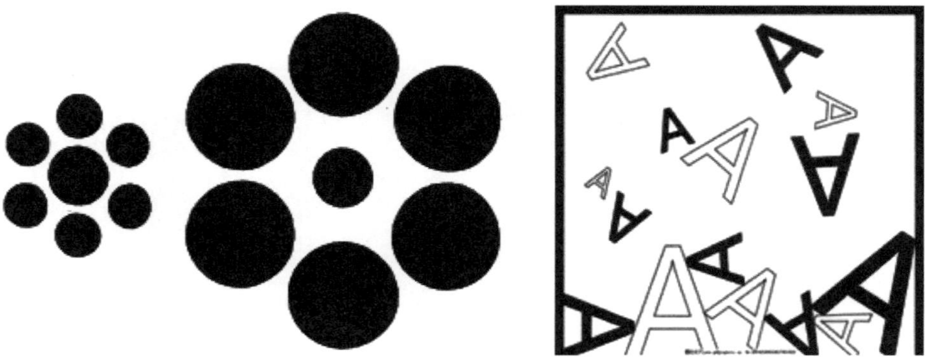

图 2–29　大小对比

（3）色彩：色彩由于色相、明暗、浓淡、冷暖不同所产生的对比，如图 2–30 所示。

图 2–30　色彩对比

（4）肌理：不同的肌理感觉，如粗细、光滑程度、纹理的凹凸感不同所产生的对比，如图 2–31 所示。

图 2–31　肌理对比

（5）位置：画面中形状的位置不同，如上下、左右、高低等不同位置所产生的对比，如图 2–32 所示。

图 2-32　位置对比

（6）重心：重心的稳定度、轻重感不同所产生的对比，如图 2-33 所示。

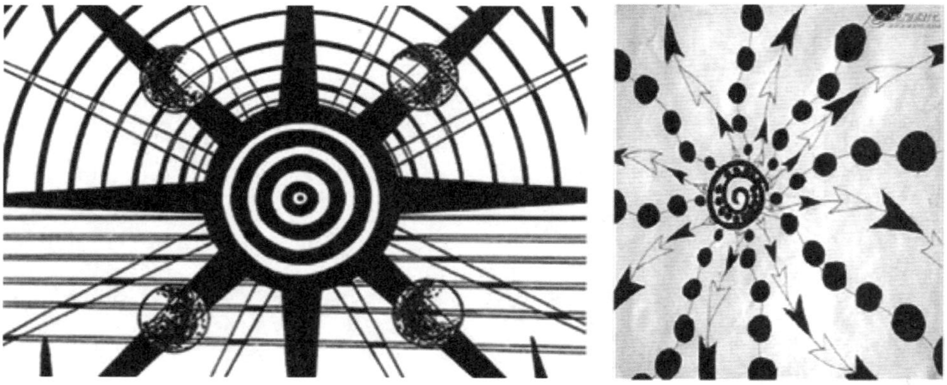

图 2-33　重心对比

（7）空间：平面中的正负、图底、远近及前后感所产生的对比，如图 2-34 所示。

（8）虚实：画面中有实感的图形称为实，空间是虚，虚的地方大多是底，如图 2-35 所示。

图 2–34　空间对比

图 2–35　虚实对比

（三）对比构成在广告设计中的运用案例

正因为对比构成具有视觉效果强烈、肯定，富有个性和美感的特点，故在目前商业广告中应用广泛。下面我们举例说明对比构成如何应用于商业广告以及具体的操作步骤，最后的效果预览如图 2–36 所示。

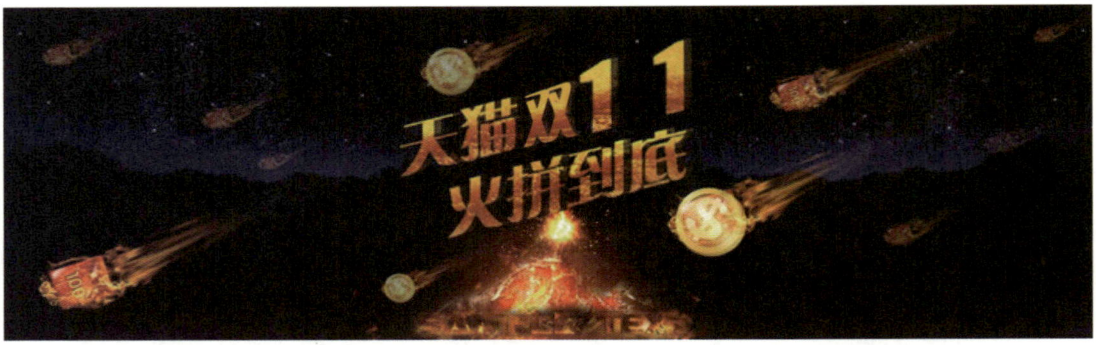

图 2-36　对比构成广告案例

（1）拉入如图 2-37 所示的背景素材，效果如图 2-38 所示。图像中选择画布大小，设置参数如图 2-39 所示。复制一个背景素材移至右边并自由变换图层，按快捷键“Ctrl+T”，鼠标右击选择水平翻转，如图 2-40 所示。

图 2-37　背景素材

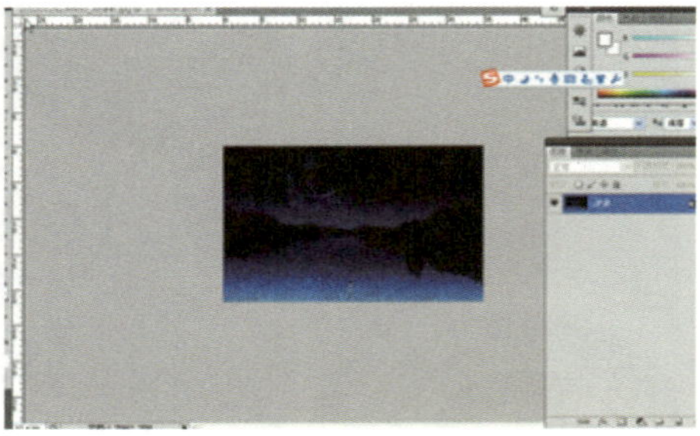

图 2-38　拉入背景素材效果

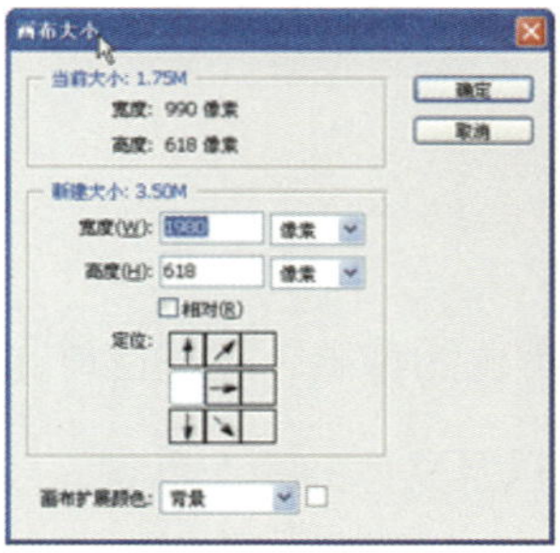

图 2-39　画布大小

图 2-40　翻转

（2）调整画面，运用曲线工具（快捷键为“Ctrl+M”），如图 2-41 所示。然后用柔和的画笔工具把背景涂暗，运用仿制图章工具制作出背景，效果如图 2-42 所示。

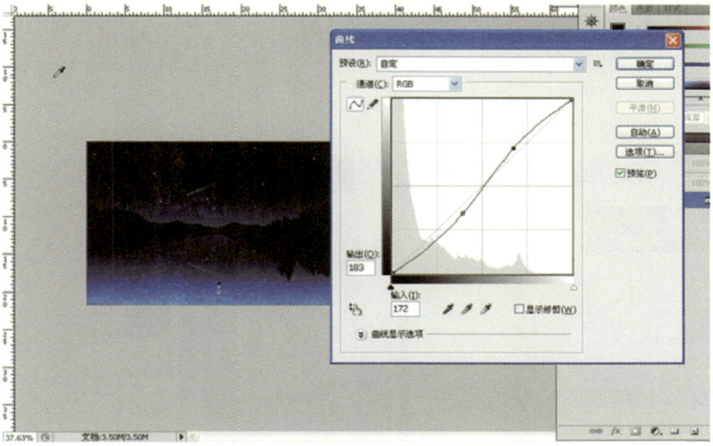

图 2-41 曲线

图 2-42 背景效果

(3) 拉入火山素材（见图 2-43），效果如图 2-44 所示。

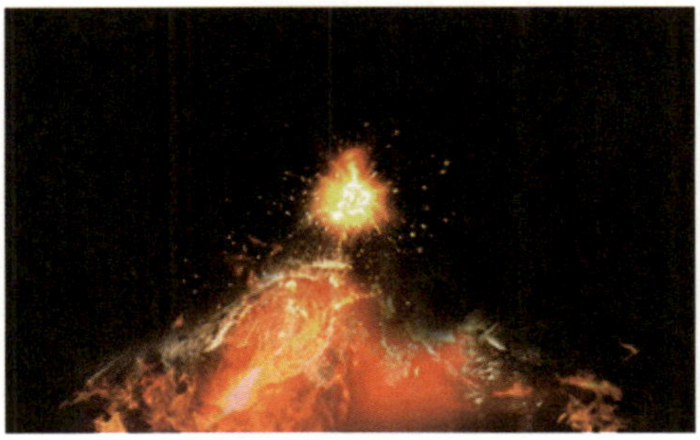

图 2-43 火山素材

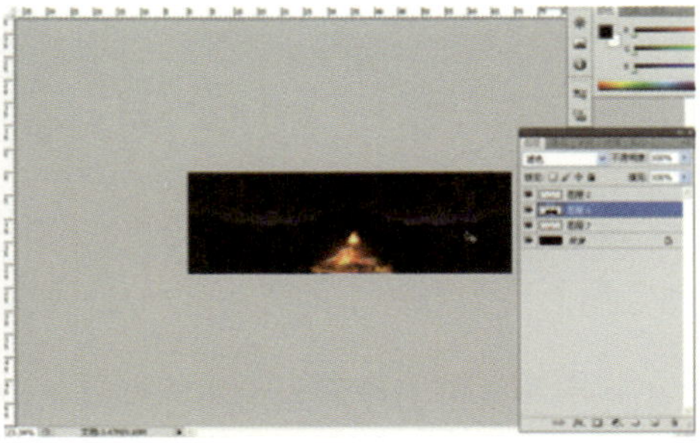

图 2-44 拉入火山素材效果

(4) 制作“天猫双 11 火拼到底”字体文本。输入文本，将图层栅格化并复制图层副本填充渐变色，如图 2-45 所示。自由变换图层（快捷键“Ctrl+T”）向上移动，制作出厚度（快捷键“Ctrl+Shift+Alt+T”)，合并字体图层，然后自由变换图层，右键选择斜切，字体效果如图 2-46 所示。

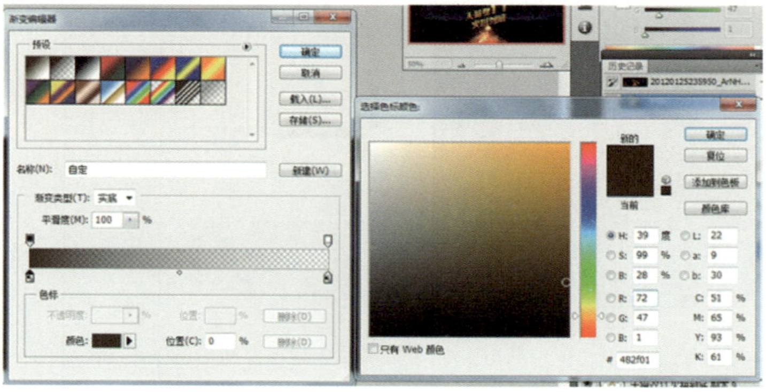

图 2-45　填充渐变色

图 2-46　字体效果

(5) 拉入石头素材(见图 2-47)，放在字体图层上，选择图层模式中的叠加效果，如图 2-48 所示。用橡皮擦工具擦去多余的部分，效果如图 2-49 所示。

图 2-47　石头素材

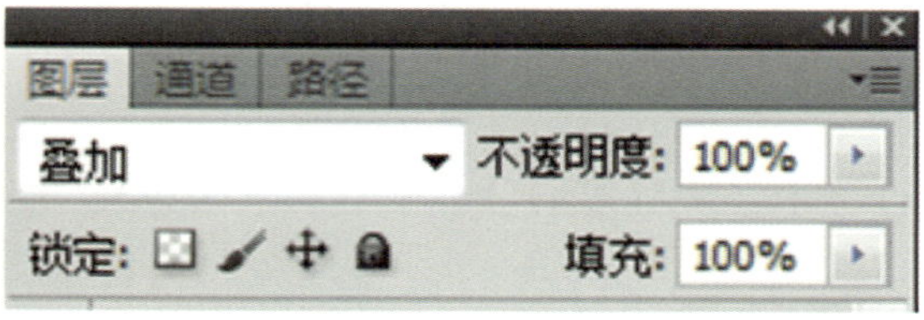

图 2-48　叠加

图 2-49　石头效果

(6) 制作金币从天而降的效果。先拉入如图 2-50 所示的火球素材，用涂抹工具拉出尾巴，更改混合模式为滤色。再拉入如图 2-51 所示的金币素材，把火球素材放在金币素材上方，将金币与火球素材合并，如图 2-52 所示。复制多个金币、火球素材并调整大小和不透明度，如图 2-53 所示。

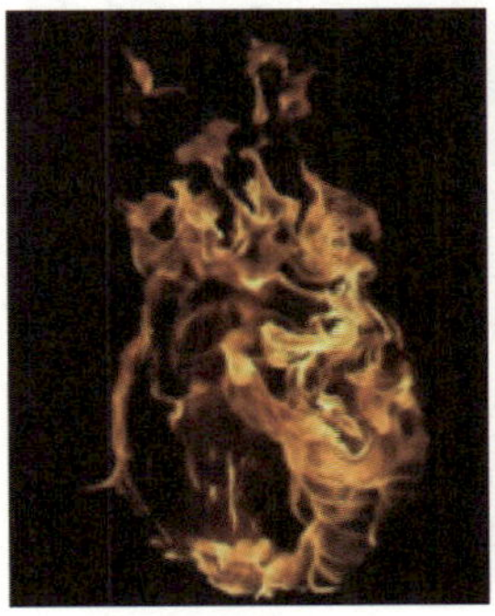

图 2-50　火球素材

图 2-51　金币素材

图 2-52　素材合并

图 2-53　复制调整

（7）制作红包从天而降的效果。拉入如图 2-54 所示的红包素材，将红包上的数字用仿制图章工具涂掉并改成“100”或“200”。将红包与如图 2-55 所示的火焰素材合并，如图 2-56 所示。复制多个红包、火焰并调整红包、火焰的透明度和大小，形成对比，完成广告设计海报，成品效果如图 2-57 所示。

图 2-54　红包素材

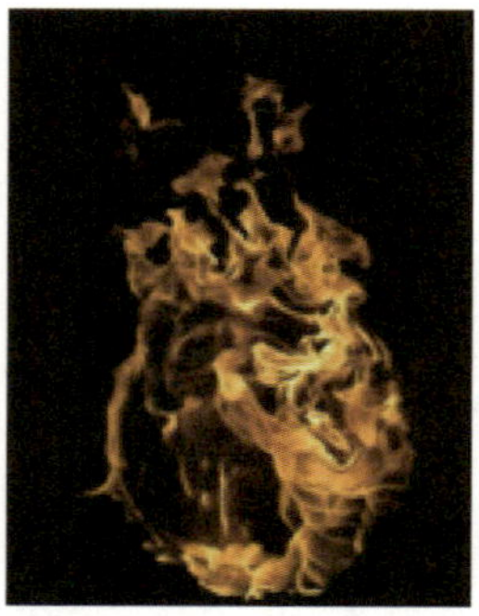

图 2-55　火焰素材

图 2-56　合并红包与火焰

图 2-57　对比构成广告成品

三、变异构成在平面设计中的运用

在现代平面设计中，设计师们除了运用写实图形、变异图形（如图 2-58 所示）来表达自己的设计意图外，还常常运用变异构成这一比较特殊的构形手法来表达自己独具匠心的设计意图。

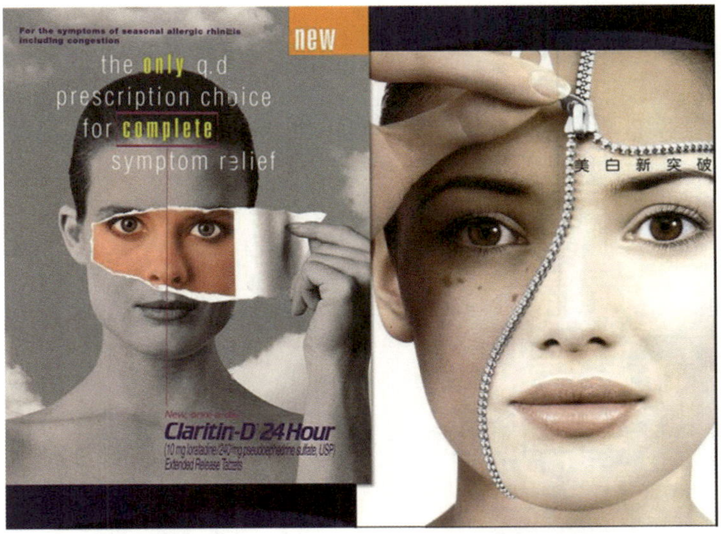

图 2-58　变异图形

变异构成由于其反传统的思维方法、超常规的构形方式，往往能从大量司空见惯的平庸图形中脱颖而出，特别引人注目和深思，也越来越受到欢迎。在现实生活中，变异的现象很多，如夜空中的月亮，森林中的飞鸟，白墙上的裂缝，叶簇中的花朵，大海中的帆船，沙漠中的绿树，鲜花丛中的蝴蝶，等等。

（一）变异的概念

变异是指构成要素在有秩序的关系里，有意违反秩序，使少数个别的要素显得突出，以此打破规律性。

变异的效果是从比较中得来的，通过小部分不规律的对比，使人在视觉上受到刺激，形成视觉焦点，从而打破单调，产生新奇的、生动活泼的视觉效果。

（二）变异构成的形式

变异基本形通常只占少数，若变异基本形与规律的基本形数量接近，变异基本形也就失去了“变异”的意义。变异基本形与规律基本形通常有对比的特征，也正是因为出现对比，变异基本形才能成为视觉焦点，才能构成画面的中心。变异的形式通常有大小变异、方向变异、形状变异、位置变异、色彩变异。

1. 大小变异

变异基本形与规律基本形有大小差别，但彼此不能太接近，亦不能太悬殊。在相同的基本形的构成中，只在大小上做些变异的对比。如图 2–59 所示。

图 2–59　大小变异

2. 方向变异

大多数基本形是有秩序排列的，在方向上一致，少数基本形在方向上有所变化以形成变异效果。方向变异属“规律转移变异”，变异基本形本身并无变化，只是有别于规律基本形的方向。如图 2-60 所示。

图 2-60　方向变异

3. 形状变异

在许多重复或近似的基本形中，出现一小部分变异的形状，以形成差异对比，成为画面上的视觉焦点。如图 2-61 所示。

图 2-61　形状变异

形状变异不是从根本上改变规律基本形的视觉形象，而是使变异基本形近似或接近规律基本形，如图 2–62 所示。

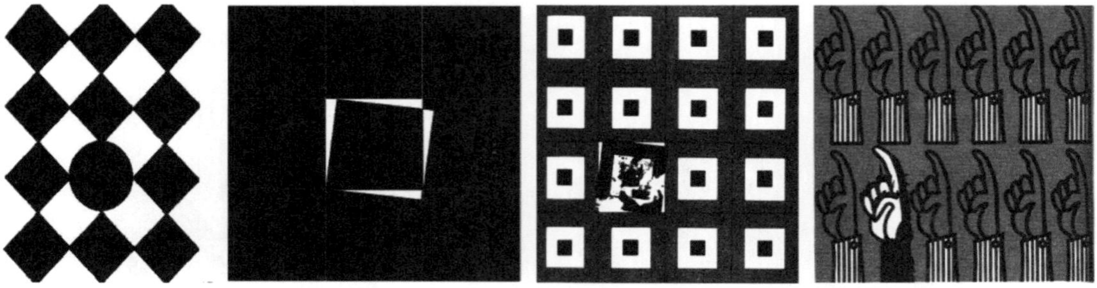

图 2–62　形状变异规律

4. 位置变异

变异基本形与规律基本形只有位置上的不同，也就是说，变异基本形位于画面空间显著位置上或较大空间位置上。如图 2–63 所示。

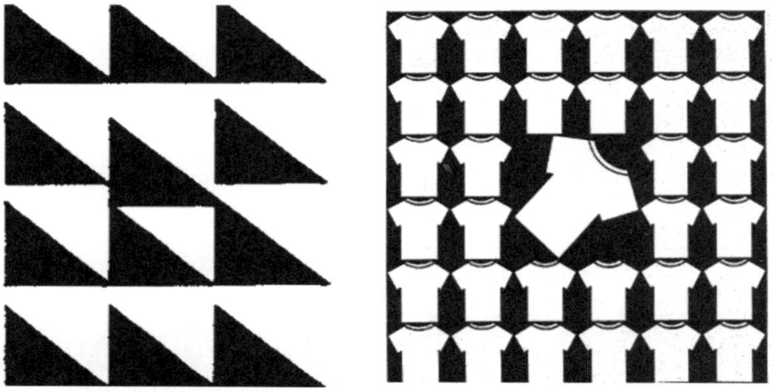

图 2–63　位置变异

5. 色彩变异

在同类色彩构成中，加进某些对比的成分，以打破单调感，用色彩加强变异的效果。如果是黑白，可以把线构成的形变为填黑的形；如果是彩色，可以把规律的同一色的基本形改变为对比色，或是把规律的相同冷色调的基本形改变为暖色调；等等。如图 2–64 所示。

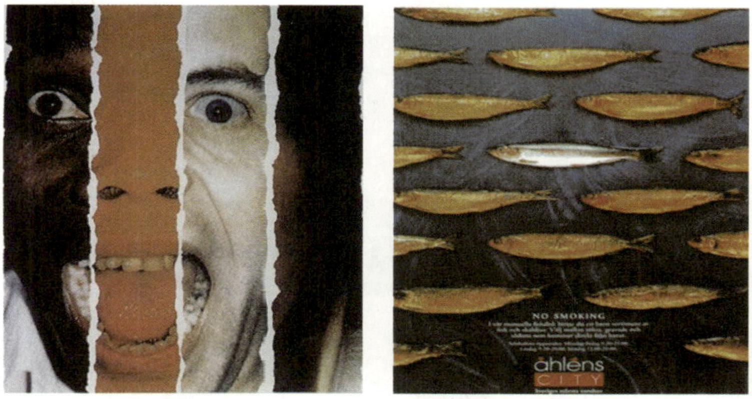

图 2-64　色彩变异

（三）变异构成在广告设计中的运用案例

变异构成在广告设计中的运用是指在一种较为有规律的平面形态中进行局部变异，以突破原有较为规范的单调的构成形式。主要特征是在普遍相同性质的造型或色彩当中，出现个别异质性表现，以增加作品的生气，突出某个特征，从而达到引人注目的目的。局部变异构成的因素有形状、大小、位置、方向及色彩等方面的变化。由于设计中 Logo 图形变异之处往往是传达信息的主要诉求点，所以只有变化比例适当，才能以整体的秩序性反衬出局部的异质性。例如图 2-65 所示的 Logo 设计变异构成。

图 2-65　Logo 设计变异构成

下面我们以“手中四宝酒店标志”说明变异构成在广告设计中的运用及具体的操作步骤。

（1）新建 800×600 像素、分辨率为 72 像素的文件，设置标尺，用多边形套索工具绘制“4”的形状，如图 2-66 所示。

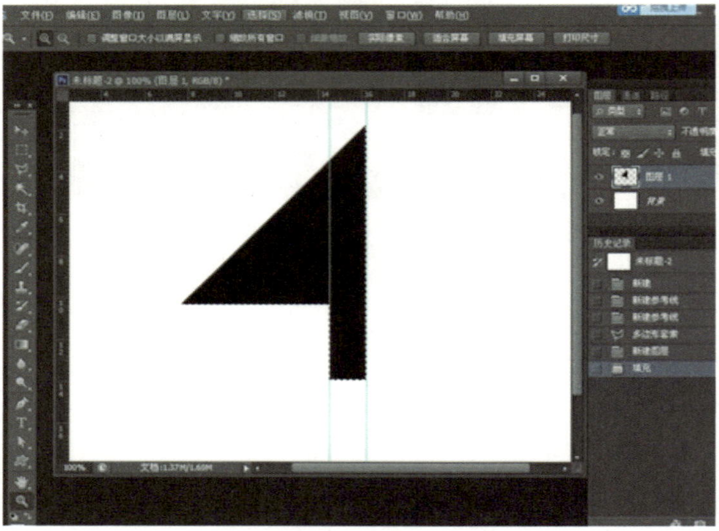

图 2-66　绘制“4”的形状

（2）用多边形套索工具选中中间空心部分删除，如图 2-67 所示。

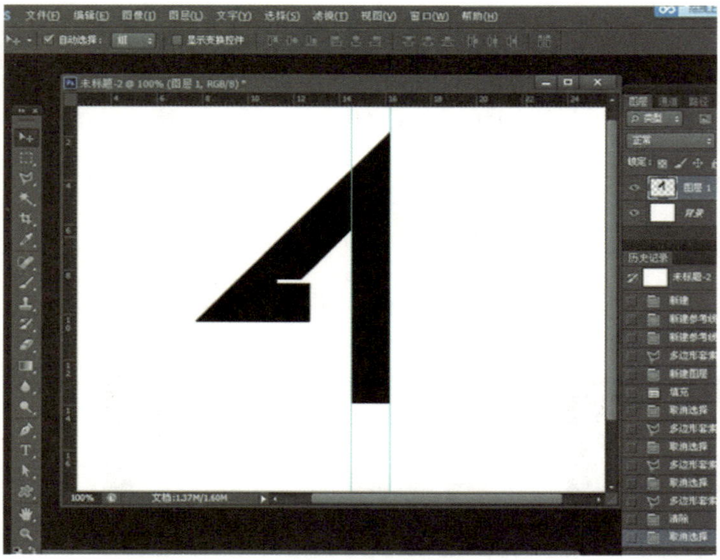

图 2-67　删除空心部分

（3）拖入握手素材，调整大小，效果如图 2–68 所示。

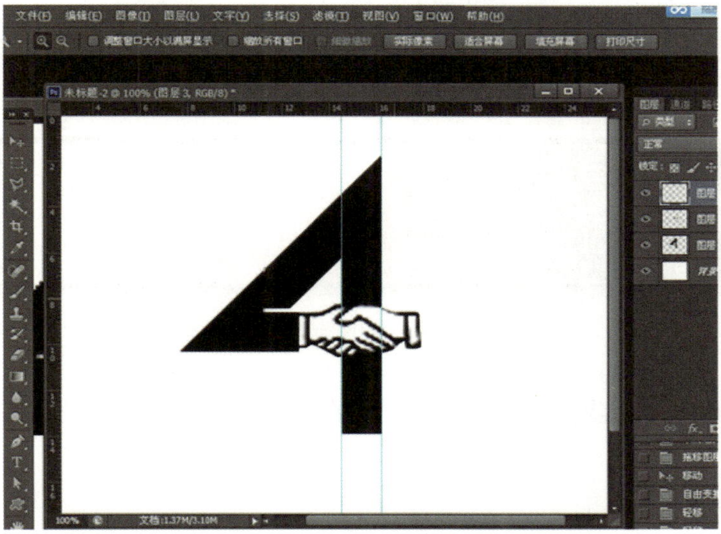

图 2–68　Logo 成品

该设计整体上是一个“4”字，其中一个笔画与众不同。握手笔画还表现了酒店亲和力很强的含义。Logo 以整体的秩序感衬托局部的变异，主体突出，视觉冲击力较强。

第二节｜广告设计色彩构成原理

一、色彩的基础知识

（一）色彩的原色、间色、复色

（1）原色：是指不能用其他颜色混合而成的颜色。

（2）间色：由任意两个原色混合后的颜色被称为间色。

（3）复色：由一种间色和另一种原色混合而成的颜色，被称为复色。

图 2–69 是由原色、间色、复色组成的色相环。

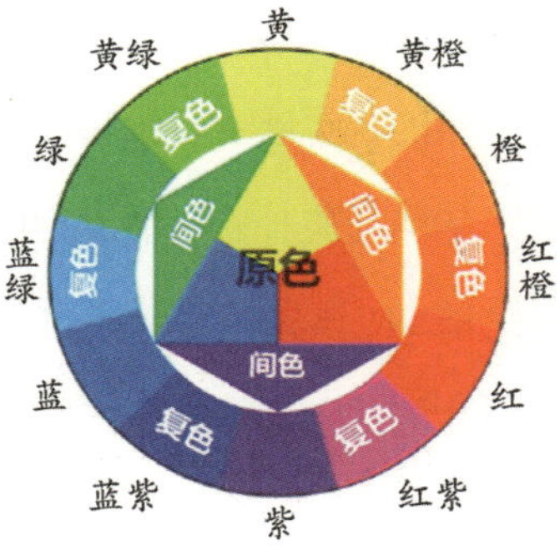

图 2–69　色相环

（二）色彩的三要素

（1）色相：色彩的相貌，就是指色彩的名称。

（2）色彩的明度：色彩的透明程度，是指色彩的明暗深浅程度。如图 2–70 所示。

图 2–70　明度对比

（3）色彩的纯度：色彩的纯净程度，指色彩的彩度、饱和度。 纯度最高的色彩是原色。如图 2–71 所示。

图 2–71　纯度对比

二、色彩的视知觉在广告设计中的运用

色彩的视知觉是指色彩通过视觉，由生理作用于心理，产生连锁反应，从而影响人的情感、心情和行为。每个人的生活经历、文化程度、性别、职业特点不同，其色彩喜好也明显不同。但色彩的视觉感受有独特性，也有普遍性，如色彩的冷暖感、轻重感、软硬感、前后感、大小感、华丽与质朴感、活泼与庄重感、兴奋与沉静感等都是人们共有的心理感受，所以在进行设计之前，应该先确定最终的设计作品要让观众达到一个怎样的心理效果，再进行主色调的定位，这样才能达到最好的广告营销效果。

| 链接 |

过去，英国伦敦的波利菲尔大桥（见图 2-72）的桥身是黑色的，常常有人从桥上跳水自杀。由于每年从桥上跳水自尽的人数太惊人，伦敦市议会敦促皇家科学院的科研人员追查原因。皇家科学院的医学专家普里森博士提出这与桥身是黑色有关，不少人将他的观点当作笑料来议论。在连续三年都没有找出好办法的无奈情况下，英国政府试着将黑色的桥身换掉，奇迹竟发生了：自从桥身改为蓝绿色后，跳桥自杀的人数当年减少了 56.4%。这说明了黑色使人精神压抑，而蓝绿色是充满生机的颜色，能给人以生的希望。

图 2-72　英国伦敦的波利菲尔大桥

为什么色彩会引发人如此强烈的情感表现呢？

首先是由于肌体反射。当人的眼睛受到不同的色彩刺激后，人的肌肉机能和血脉发生了向外扩张或向内收缩的相应变化，因而造成了不同的情绪体验。

其次是依赖于观察者的社会生活经验。一旦知觉经验与外来的色彩视觉刺激发生一定的呼应，就会在人的心理上引出某种情绪。

（一）色彩的冷、暖感

色相环中的红色及红色的邻近色感觉偏暖，这个区域称暖色系，这些色彩称暖色。色相环中的蓝色及蓝色的邻近色感觉偏冷，这个区域称冷色系，这些色彩称冷色。如图 2–73 所示。

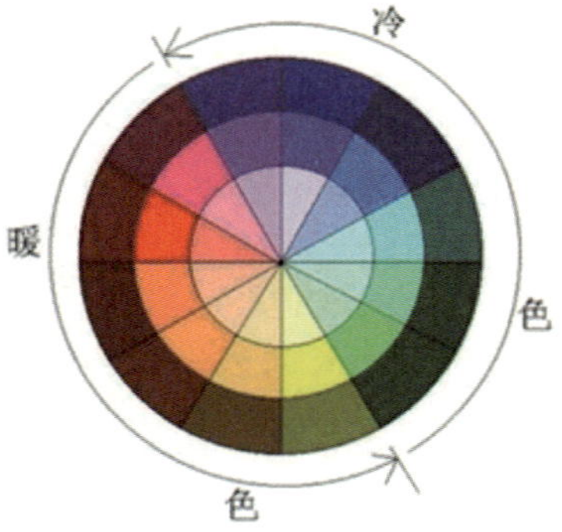

图 2–73　冷暖色环

色彩本身并无冷暖的温度差别，是视觉引起人们对冷暖感觉的心理联想。冬天走进橙色、咖啡色色调的房间会让人感到温暖；夏天走进绿色、蓝色色调的房间则会让人感觉凉爽、清新。

暖色：在色相环中，红—橙—黄为暖色系，人们见到红、红橙、橙、黄橙、红紫等色后，马上联想到太阳、火焰、热血等物像，产生温暖、热烈、危险等感觉。

冷色：在色相环中，蓝—蓝绿—蓝紫为冷色，人们见到蓝、蓝绿、蓝紫等色后，则很容易联想到太空、冰雪、海洋等物像，产生寒冷、理智、平静等感觉。

绿和紫则为中性色。

运用色彩的冷暖感可表现商品的不同特性，不少平面广告常采用色彩的冷暖色调来区别广告所要反映的内容。如图 2–74 所示。

图 2–74　色彩的冷、暖感

（二）色彩的轻、重感

色彩的轻重感与色相、明度、纯度、冷暖等相关联，而且主要取决于色彩的明度。

明度越高，感觉越轻；明度越低，感觉越重。淡色、明度高的色彩让人感觉轻，使人联想到蓝天、白云、彩霞、花卉，以及棉花、羊毛等，产生轻柔、飘浮、上升、敏捷、灵活等感觉。深色、明度低的色彩让人感觉重，易使人联想到钢铁、大理石等物品，产生沉重、稳定、降落等感觉。色相方面，暖色偏轻，有稀薄松软的感觉；冷色偏重，有密实沉重的感觉。如图 2-75 所示。

图 2-75　色彩的轻、重感

（三）色彩的软、硬感

色彩的软硬感主要来自色彩的明度与纯度。淡而明亮的色彩会给人一种柔软、安静的感觉；重而暗淡的色彩会让人有强硬、厚重的感觉。明度不高不低且对比较弱的色彩、纯度较低的色彩和色相偏暖的色彩，具有皮毛、棉线感，属于柔软色；明度极高和极低且对比强烈的色彩、纯度极高的色彩和色相偏冷的色彩，具有金属感，属于感觉坚硬的色彩。如图 2-76 所示。

图 2-76　色彩的软、硬感

（四）色彩的前、后感

一般暖色、纯色、高明度色、强烈对比色、大面积色、集中色等有前进感觉；相反，冷色、浊色、低明度色、弱对比色、小面积色、分散色等有后退感觉。红色、橙色是突出向前的；冷色调，如蓝色、紫色，则有阴暗、向后退缩的效果。如图 2-77 所示。

图 2-77　色彩的前、后感

（五）色彩的大、小感

由于色彩有前后的感觉，因而暖色、高明度色等因为靠前，有扩大、膨胀感，冷色、低明度色等因为退后，有显小、收缩感，如图 2-78 所示。

图 2-78　色彩的大、小感

（六）色彩的华丽、质朴感

色彩的三要素对华丽及质朴感都有影响。素色给人以朴素清淡的感受，艳色给人以华丽气派的感觉。素色和艳色的区别以纯度因素为主，其次是明度，也与色相有着密切的关系。素色多为混色，色彩的饱和度低，稳定性较强，它没有强烈的刺激，比较容易协调。艳色多为纯色，色彩的饱和度高，不稳定性较突出。如图 2–79、图 2–80 所示。

图 2–79 色彩的质朴感

图 2–80 色彩的华丽感

（七）色彩的活泼、庄重感

暖色、高纯度色、丰富多彩色、强对比色感觉跳跃、活泼、有朝气，冷色、低纯度色、低明度色感觉庄重、严肃。黑色给人以压抑感，灰色呈中性，而白色则显得明快。如图 2–81、图 2–82 所示。

图 2–81 色彩的活泼感

图 2–82 色彩的庄重感

（八）色彩的兴奋、沉静感

色彩的兴奋与沉静感取决于刺激视觉的强弱。在色相方面，红、橙、黄色具有兴奋感，青、蓝、蓝紫色具有沉静感，绿与紫为中性。偏暖的色系容易使人兴奋，偏冷的色系容易使人沉静。在明度方面，高明度色具有兴奋感，低明度色具有沉静感。在纯度方面，高纯度色具有兴奋感，低纯度色具有沉静感。色彩组合的对比强弱程度直接影响兴奋与沉静感，对比强则容易使人兴奋，对比弱则容易使人沉静。如图 2-83、图 2-84 所示。

图 2-83　色彩的兴奋感

图 2-84　色彩的沉静感

三、色彩的表现功能在广告设计中的运用

（一）色彩的强调美化功能对消费者产生吸引力

人们在尚未看清楚广告内容的时候，对广告的第一感觉是通过色彩得到的，它的直观效果影响着消费者对广告内容的注意力。一般情况下，鲜艳、明快、和谐的色彩会对消费者产生较强的视觉冲击，产生强烈的吸引力，从而影响消费者的情绪，加深消费者对产品的认识程度。

如图 2-85 所示的平面广告，主题为面包，实际的商品颜色并不好看，如果我们照实附上产品图片，画面就显得比较暗淡，没有吸引力，更别说让消费者去购买产品了。但是如果将面包从色相、明度和纯度上进行调整，将暗淡的黄褐色变成明度、纯度更高的黄橙色，就会使人易于接受，并能产生购买欲望。

图 2–85　色彩的强调美化功能

（二）色彩的情感表达功能引发消费者的心理感应

1. 色彩的联想和象征功能

（1）色彩的联想和象征。

色彩的联想因人的学历、性别、年龄、性格、职业等条件而有所不同，同一个人也会因环境或季节的变化而产生不同的联想。也就是说，色彩的联想依人、时、地而不断地发生着变化。色彩的联想赋予了色彩各种表情，并被概括成一定的精神内容，最终形成色彩的象征意义。不同的国家、民族、文化、宗教、时代等因素，会使色彩的象征具有多义性和共通性，同一种颜色也会因不同的因素而形成不同的含义和象征。

红色：常被描写成充满刺激性和令人振奋的色彩。红色往往象征着吉祥、好运、喜庆，同时红色又易使人联想到血液和炮火，还有危险、恐怖的血腥味。联想：生命、爱情、喜庆、兴奋、热烈、冲动、革命、青春、血腥、警觉、危险、愤怒、绝交等。

橙色：是暖色系中最温暖的色彩，使人联想到硕果累累的金色秋天，是一种富足、快乐而幸福的颜色。橙色还象征着营养、香甜，是易于被人接受的颜色。在特定的国家和地区，橙色又象征着欺诈、嫉妒。联想：快活、积极、跃动、旺盛、温暖、喜悦、希望、热情、幸运、幻想、家庭、健康、任性、骄狂、发烧等。

黄色：在色彩中明度最高，它有金色的光芒，象征着权力和财富。在东方人看来，黄色是大吉颜色，在佛教中更是圣佛之色；而在西方基督教世界里，黄色通常是被忌讳和讨厌的，甚至认为明亮的黄色能够表现凶暴和狂乱。在美国民间，黄色则象征着期待与思念，成为怀念和等待亲人的象征。联想：忠诚、光荣、高昂、光明、希望、高贵、愉快、活泼、鲜明、发展、胜利、轻薄、狂妄、不安等。

绿色：是生长的植物的色彩，象征着和平与安全、宁静且稳定、优雅而美丽，意味着青春、希望和生机勃勃。又是尚未成熟的果实的颜色，因而会引起酸与苦涩的味觉。联想：和平、沉着、成长、清爽、生命、春天、健康、洁净、新鲜、安静、纯情、稚气等。

蓝色：极端的冷色，具有沉静和理智的特性，易产生清澈、远离世俗的感觉。蓝色是永恒的象征，表示虔诚与诚实，深蓝色象征着低沉、烦闷和神秘，也会产生陌生感、孤独感。联想：永恒、希望、爽快、正义、深远、广大、理性、沉着、冷静、透明、纯洁、冥想、冷清、静谧、沉默、忧郁、孤独、冰凉等。

紫色：包含红色的个性，又有蓝色的特征。一方面象征高贵、优美、尊严；另一方面又有孤独、神秘等意味。淡紫色有高雅和魔力的感觉，深紫色则有尊贵和沉重的感觉，暗紫色又有低沉、烦闷、神秘的感觉。联想：权威、优雅、崇高、神秘、高贵、温厚、任性、悲哀、古怪、孤独、古板等。

黑色：是明度最低的无彩色，它是极好的陪衬色，能和许多色彩构成良好的对比调和关系，运用范围较广。联想：优雅、无限、力量、深远、严肃、悲哀、阴郁、死亡、污点、神秘、恐惧、绝望、不公等。

白色：是最洁净的颜色，白色在不同的民族和地域，其象征是不一样的。同样戴白花穿白色的服装，东方国家是办丧事，表现心理上的空寂与悲哀；西方国家则是办婚事，体现爱情的崇高与纯洁。联想：干净、明快、神圣、寂静、朴素、高雅、无限、高尚、脆弱、恐怖等。

如图 2-86 所示的蓝月亮洗衣液的广告，选择蓝色、白色的组合是比较恰当的，这些颜色都有清爽、干净、清新的象征意义，而选择暗红色、褐色就显然无法让消费者从心理上认同。

图 2-86　蓝月亮广告

（2）色彩的味觉联想。

人们平常食用的食品，本身都有颜色，各种食品的颜色长期作用于人们的视觉，使人们产生味觉的联想。

广告作品中的有些色彩会给人以酸、甜、苦、辣的味觉感，人们看到橘黄色，就会回忆起香橙，因此橙黄色具有甜味感。如图 2-87 所示，蛋糕上的橙黄色，给人以甜美的感觉，能引起人的食欲。

同一种颜色在不同的地区会引起不同的味觉联想，像广东、江浙等喜食甜品的地方，看到红色即会联想到水果的香甜，而四川、重庆、湖北等以辣为主的地方，看到红色就会心理感应到辣味。如图 2-88 所示，红油爆椒牛肉方便面广告的主打色是红色，这会让我们联想到红红的辣椒，感应到辣的味道。

图 2-87　蛋糕广告

图 2-88　统一广告

2. 色彩能引发不同消费者对不同喜好的情感倾向

（1）消费者由于年龄、性别和经历不同，对色彩的喜好也是不同的。如儿童多对鲜明的纯色产生喜爱之情，因为符合他们活泼好动的性格。女性相比男性来说，对白色更为喜爱，因为白色象征着纯洁，而男性则对蓝色更为钟情，因为蓝色象征着豪爽、沉稳、成熟，更符合男性的性格特征。

（2）民族与风俗不同的消费者，对色彩的反应也各不相同。如欧洲多用黑色表示悲哀，而我们国家就多用白色表示。西方喜欢用白色婚纱来表示新娘的纯洁高尚，而我们国家则更喜欢用红色表示婚礼的喜庆。如图 2-89、图 2-90 所示。

图 2-89　西方的白色婚纱

图 2-90　中国的红色嫁衣

（3）不同的宗教信仰对消费者的色彩喜好也有一定影响。如伊斯兰教将黄色视为死亡之色；佛教却以黄色僧衣象征超凡脱俗；基督教认为黄色是叛徒衣服的颜色，是卑劣的体现。

利用色彩的联想和象征，有助于烘托广告主题和气氛，能引发消费者的心理共鸣，所以广告色彩的设计者想设计出好的广告作品，要有针对性地了解所面对的消费者的情况，选择正确、符合受众心理的色彩。

（三）色彩的认知功能有助于标识有个性的企业形象，使消费者对产品及企业的印象固定

在广告中除了运用图形与文案表现某项产品的功能外，色彩在广告宣传中独到的传达、识别与象征作用，也受到越来越多的设计师和企业家的重视。一些大公司、大企业都在通过色彩来达到塑造企业形象、建立品牌特征的目的。使用能体现企业自身识别系统的色彩，能让消费者提高对企业的识别能力与巩固记忆力。

如可口可乐在全球的广告设计普遍采用红色为主色调的宣传理念，红色有着激情的象征意义，从早期到现在，可口可乐的广告都给人传递红色的视觉效果，长期如此必然能让人从红色联想到可口可乐。如图 2–91 所示。

图 2–91 可口可乐广告

四、色彩的搭配在广告设计中的运用

广告中要注意对色彩的合理支配，一味地追求色彩的繁华，所用颜色过多，容易造成画面杂乱，不仅会增加广告制作成本，还会导致人们视觉上的审美疲劳，大大削弱广告自身的传达效果，出现过犹不及的后果。因此，我们要了解并掌握色彩的对比和运用。

（一）色彩的对比

1. 色相对比

将色相环上的任意两色或三色并置在一起，由于色相差别而形成的色彩对比效果称为色相对比。其强弱程度取决于色相在色相环上的距离（角度），距离（角度）越小对比越弱，反之则对比越强。

（1）同类色对比：指色相距离 15 度以内的对比，是色相中最弱的对比，一般被看作同一色相里不同明度与纯度的色彩对比。它的对比效果单纯、文静、雅致，但也容易出现单调、呆板的效果，这时应通过拉开明度距离和纯度关系来调整。如图 2–92 所示。

（2）类似色对比：指色相距离 30 度左右的对比，是色相中较弱的对比。类似色同属一个大的色相范畴，但能区别出冷暖来，如玫红、大红、朱红，黄绿、绿、蓝绿。对比的效果仍然统一、和谐，与同类色相比丰富得多。如图 2–93 所示。

（3）邻近色对比：指色相距离 50 度至 60 度的对比，属色相的中对比，对比效果显得丰满、活泼，既保持了统一的优点，又克服了视觉不满足的缺点。如图 2–94 所示。

（4）中差色对比：指色相距离 90 度左右的对比，属色相的中强对比。效果明快又谐调。如图 2–95 所示。

（5）对比色对比：亦称大跨度色域对比，指色相距离 120 度左右的对比，属色相的中强对比。这种对比有着鲜明的色相感，效果强烈、兴奋，是极富运动感的最佳配色，但易使视觉疲劳，处理不当会有烦躁、不安定之感。如图 2–96 所示。

（6）互补色对比：指色相距离 180 度的对比，是色相中最强的对比关系，其长处是饱满、活跃、生动、刺激，短处是不含蓄、不雅致，过分刺激，有种幼稚、原始的感觉。它可以使人在短时间内获得一种色彩印象。如图 2–97 所示。

图 2-92　同类色

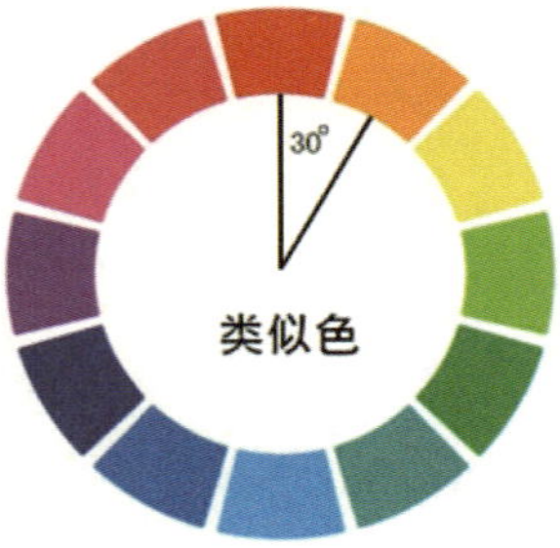

图 2-93　类似色

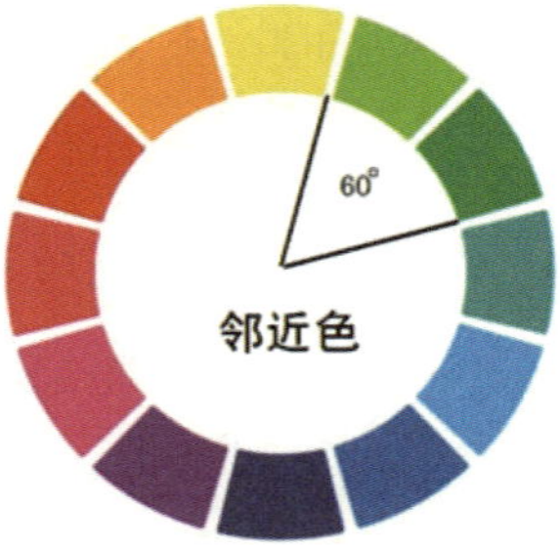

图 2-94　邻近色

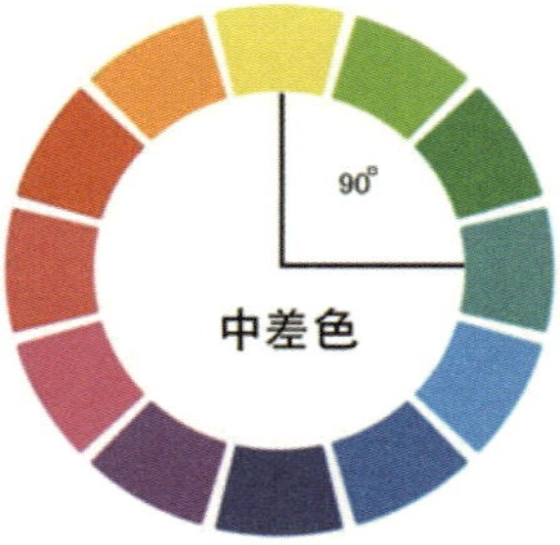

图 2-95　中差色

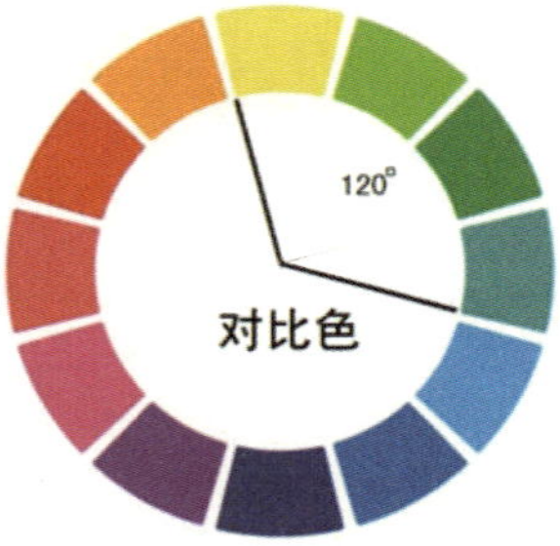

图 2-96　对比色

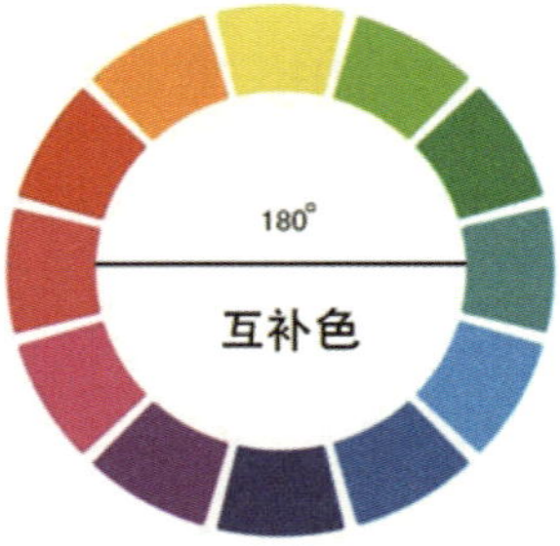

图 2-97　互补色

2. 明度对比

明度对比是色彩构成的最重要的因素，色彩的层次与空间关系主要依靠色彩的明度对比来表现。明度对比有两层含义：一是指同一种色之间的明度差，二是指不同色之间的明度差。以黑白灰系列的 9 个明度阶段（不含黑白）为基本标准，可进行明度对比强弱的划分。色彩间明度差别的大小决定着明度对比的强弱。如图 2–98 所示。

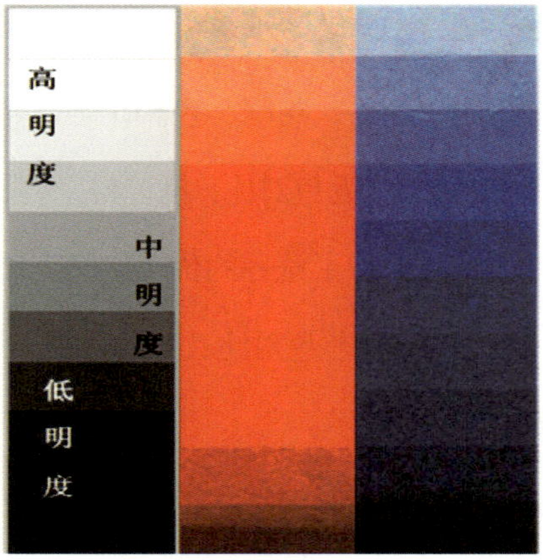

图 2–98　色彩的明度差

3. 纯度对比

将不同纯度的颜色并列在一起而产生的鲜的更鲜、浊的更浊的色彩对比现象，称为纯度对比。每一个颜色都有自己的纯度值。将纯度色阶划分为三段：0 ～ 4 段内称低纯度色，9 ～ 12 段内称高纯度色，中间部分称中纯度色。如图 2–99 所示。

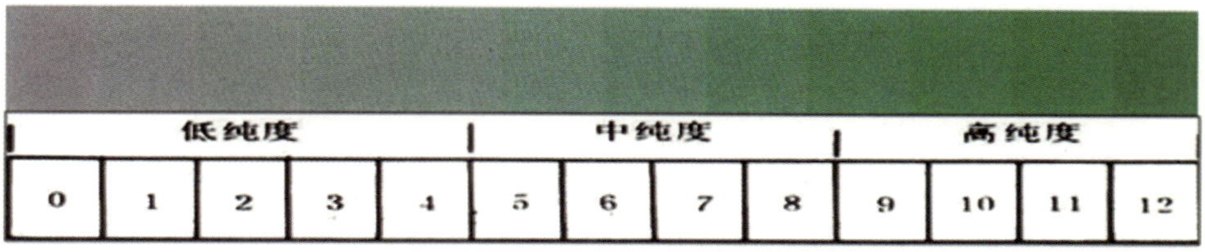

图 2-99　纯度色阶

4. 冷暖对比

冷暖对比是将色彩的色性倾向进行比较的色彩对比。色彩的冷暖感主要来自人的生理与心理感受。红色光、橙色光、黄色光本身具有暖和感，照射任何物体时都会有一种暖暖的感觉，紫色光、蓝色光、绿色光有一种寒冷的感觉，如图 2-100 所示。

图 2-100　冷暖对比

5. 面积对比

面积对比指各种色彩在画面中所占的面积比例变化和差别引起的色相、明度、纯度、冷暖等方面的对比。色彩面积对比实际上是数量上的多与少、比例上的大与小的结构对比。面积比例不同，面积对比的效果也不同，如 1:1——冲突，对比最强；1:2——增强一方，减弱一方；10:1——色彩对比效果很弱，转化为统一色调。如图 2-101 所示。

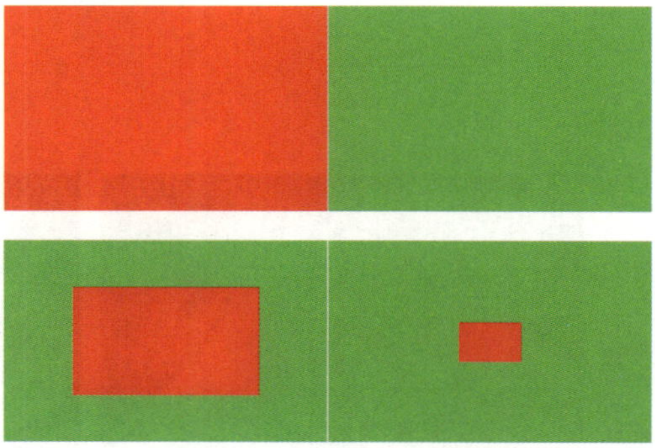

图 2-101　面积对比

6. 色彩的调和技巧

（1）增加面积。通过对比色之间面积增大或缩小来调节色彩对比的强弱，并得到一种色、量的平衡与稳定的效果。

（2）混入同种色彩。在对比色各方中同时混入同一色相，使对比色的色相逐步靠拢，形成具有共同色素的调子。

（3）降低纯度。在对比色各方中混入同明度、不同量的灰色，使原来的各对比色在保持明度对比的情况下，纯度相互靠近，原来色彩间的过分刺激的对比也被削弱。

（4）用金、银、黑色线条分割。采用间隔的方法，即在对比色之间插入与各方都不发生利害关系的无彩色系的黑、白、灰或金、银光泽色，或作底色或用作勾勒外形轮廓，从而使其色彩边缘因对比引起的尖锐矛盾被缓冲。

（二）色彩的运用

广告色彩的整体效果要根据广告主题和视觉传达要求，选择一种处于支配地位的色彩作为主色，其他色彩围绕主色变化，形成以主色为代表的统一的色彩风格。例如：

图 2–102 所示中国书法广告中，将色相相同、相似而明度、纯度不同的颜色群组合起来，形成一个基本色调，而用少许的对比色来点出主题。

图 2–103 所示 NIKE 运动鞋广告中，提高或降低色相不同的大面积颜色群的明度，使之形成明亮或晦暗的基调，而用小面积中明度或与基调明度相反的颜色来表现主题。

图 2–104 所示咖啡广告中，降低色相不同的大面积颜色群的纯度，用小面积纯度高的颜色来表现主题。

图 2–102　中国书法广告

图 2–103　NIKE 运动鞋广告

图 2–104　咖啡广告

图 2-105 所示百年皖酒广告中，当两种颜色的对比过于强烈时，可加些“过渡”性的颜色予以调和。这种“过渡”通常有三种情况：色相的“过渡”、明度的“过渡”和纯度的“过渡”。

图 2-106 所示鞋子广告中，当两种或多种色相的颜色对比过于强烈时，可以用其他颜色把它们分隔开，使它们脱离接触。

图 2-105　百年皖酒广告

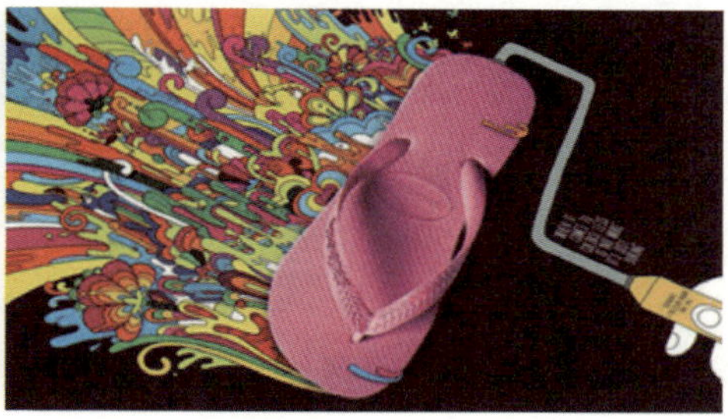

图 2-106　鞋子广告

| 作业布置 |

1. 分析色彩视知觉中的冷暖、轻重、软硬、前后、大小、华丽质朴、活泼庄重、兴奋沉静的关系，并举例说明它们在实际广告设计中的作用。

2. 分析色彩对比的作用，并完成色彩对比中同类色、邻近色、对比色、互补色的练习。

3. 选择一幅广告，对其色彩运用进行分析。

4. 设计两幅不同色彩主题的广告。

5. 变异构成设计，规格 20 厘米 ×20 厘米。要求：黑白画面表现，主题内容丰富、有寓意，作品画面干净整齐。

6. 设计一幅放射性广告，尺寸 1 920×600 像素，分辨率 72 像素。主题自定。

7. 设计一幅对比广告，尺寸 1 920×600 像素，分辨率 72 像素。主题自定。

第三章

广告设计创意思维与图形表现方法

| 内容提示 |

广告创意是广告人员在对市场、产品和目标消费者进行调查分析的前提下，根据广告客户的营销目标，以广告策略为基础，对抽象的产品诉求概念予以具象艺术表现的创造性思维活动。广告创意是一种创造性的思维活动，要满足受众求新、求异的心理特征。图形创意设计的思维是建立在客观世界基础上的，我们应用思维揭示客观事物的本质和内在联系，借助原有感性物象，创造出一种受众从未感知过的具有原创性的新图形。研究图形创意设计，就要研究图形创意设计思维的基础及模式，弄清图形创意设计思维的结构和基本要求，掌握并理解创意思维的基本原理。

| 本章重点与难点 |

1. 图形创意设计思维的特征
2. 图形创意设计思维的方法
3. 广告图形表现方法

第一节｜广告设计创意

一、广告创意的概念

“创”即“创造”“独创”，“意”即“主意”“意念”等。

广告创意有狭义与广义之分。狭义的广告创意单纯指广告艺术创作，主要是艺术构思。广义的广告创意涉及创造性领域的所有问题。广告创意是广告活动的灵魂，引领着广告活动的发展方向，决定着广告传播的效果和质量。广告创意包含创意思想（如观念、主意、点子等）、创意方法（如老元素、新组合）、创意表现（如营造意境、展现特色）三个层面。

在广告图形设计中，创意就是指将创造性的意念转化成具有创新精神的设计形式的思维过程。创意是一种想象，是无止境的联想。图形创意是指以图形为造型元素的说明性图画形象，经一定的形式构成和规律性变化，被赋予更深刻的寓意和更宽广的视觉心理层面的创造性行为。图形创意是图形设计的核心，要求放弃思维方式上的习惯思路，不循常规地思考问题。

创意好的图形是意料之外、情理之中，既符合逻辑又超出常人的想象；在构思上观点独到、立意巧妙，既说明问题又寓意深刻。

二、广告创意图例

广告标题：猿人

广告客户：士力架

广告简介：士力架的格言是“你饥饿的时候就面目全非”。当饥饿中的你没有打开士力架巧克力棒的时候，你就是饥饿状态下古怪的、如同野兽般不真实的自己；当你剥开士力架巧克力棒的时候，你就展开了真实的自我，回归到人类。如图 3-1 所示。

图 3-1　士力架海报

广告标题：反恐特警队

广告客户：捷运快递公司

广告简介：比特警组还熟悉地形的快递员，你能不信任吗？如图 3-2 所示。

广告标题：文明——罗马篇 / 埃及篇

广告客户：美加净牙膏

广告简介：以牙齿上呈现的埃及与罗马文明中的一片片废墟来诠释细菌在里面停留很久了，从而传达广告标语“别让细菌定居下来”。如图 3-3 所示。

图 3-2　捷运快递公司海报

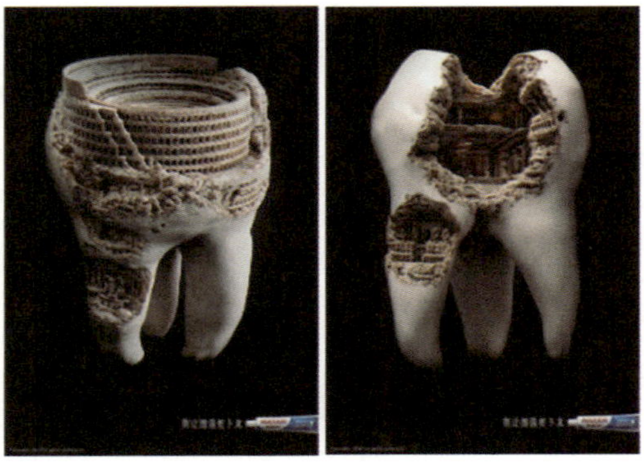

图 3-3　美加净牙膏海报

广告标题：啤酒自杀 / 香槟自杀 / 威士忌自杀 / 伏特加自杀

广告客户：禁酒驾基金会

广告简介：酒后驾车，就是喝下提前藏好的“子弹”。如图 3-4 所示。

图 3-4 禁酒驾海报

第二节 | 图形创意设计的思维基础

图形创意设计是运用思维进行艺术性创作的活动。作为一种有意识的创造性行为，其广度、深度取决于创作的思维方式。创意思维依赖于人对事物的直接性观察、思考和社会实践，是在对表象、概念进行分析、综合、判断、推理后产生的。由于思维定式的影响，人们对司空见惯的事物有时并不真正了解。只有当我们全方位观察这个世界时，才可能发现它有许多奇妙的地方，才能在熟悉的事物中认识到新意，或者发现平时所忽略的细节。因此，研究创意思维对于提高图形创意能力和创意水平有着重要的作用，有着普遍的意义。现代设计艺术的发展要求设计师应具有创新意识与创意思维，只有这样，才能引领时代发展的潮流，在世界艺术之林绽放更加夺目的光彩。

一、图形创意设计思维的概念和特征

（一）图形创意设计思维的概念

图形创意设计思维是指在图形创造过程中，设计师按照一定规律进行创意思维活动，创

造能带给观众全新视觉感受的图形。创意是设计的精髓和灵魂，良好的创意思维将使创意层出不穷。一个理想的图形创意方案的形成，也是人们不断进行创意思维活动的结果。认识和了解图形创意首先要认真研究图形创意的结构及基本要求，这对未来的创作具有导向性的意义与作用。

图形创意设计是动静结合的思维过程，综合了逻辑思维、形象思维、直觉思维与灵感思维，其中最主要的是逻辑思维和形象思维。逻辑思维是用分类、推理等方式认识事物的本质与规律的逻辑方法，具有抽象性、程序性和同一性，通常通过文字来表述观点。形象思维是将客观事物由概念转化为图形，并以图形作为表达方式的思维方法，具有高度的自由性、跳跃性和跨越性，它通过肢体语言、表情、形态、色彩等方面体现对概念的理解。

（二）图形创意设计思维的特征

图形创意是人类探索新领域、创造新图形的思维过程。因此，其思维的实质就是在设计中开拓和创新，力求思维取向的求新求异，对事物本质进行创造性的挖掘和表现，追求新颖和独特的效果。图形创意思维是多种思维的综合运用，与一般性思维比较，具有独创性、多向性、跳跃性和整体性特征。

1. 独创性

从日常事物中挖掘出与众不同的创意，必须具备超前的、新颖的、与众不同的意识。独创性表现在运用构成、重组、再生等表现手段，融入别具一格的创意与联想，产生标新立异的外形，表达深刻的创作主题内涵。

2. 多向性

多向性主要表现在具有立体思维的特点，从多角度广泛深入地思考问题。多向性具体体现在：全方位提出问题，不受传统观念限制，做出多样化的设想方案，向多方位伸展，选择最佳方案。

3. 跳跃性

跳跃性指从思维的进程来说，创意思维常以一种灵感突发的形式出现，出其不意，表现出非逻辑性的特征，其实质是思维长期酝酿准备过程中的灵感突现。

4. 整体性

创意思维的整体性主要体现在空间上的概括和综合，它是对各种思维的一种综合、比较与选择。

创意思维是多种思维方式的协调与统一，是设计师对事物的直觉性观察、思考和联想。设计师只有正确把握思维的奥秘，充分运用创意思维的特征，才能给人们带来崭新的视觉形象。

二、图形创意设计思维方法

图形创意是运用思维进行创造性活动，它的广度、深度、速度及成功的程度，都取决于创意思维的方法。运用良好的思维方法进行创意，就会使思维活跃，创意层出不穷，获得有创造性的图形。因此，我们应当熟悉和探索各种创意思维的方法，这样才能使自己的思路变得开阔通畅。若一种方法不能解决，可以另辟蹊径，使我们的创意思维变通活跃起来。常见的思维方法有以下几种。

（一）常规思维

常规思维是在一个固定的范围里按照常规思路进行的，也就是逻辑思维，其特点是按照一定的方向和路线，循序渐进地分析问题。

（二）发散思维

发散思维是图形创意的基本思维方式，是指从问题出发，沿着不同的途径去思考，探求多种答案的思维方法和过程。它又称为辐射思维、放射思维、多向思维、扩散思维、求异思维。许多心理学家认为，发散思维是大脑在思考时呈现的流畅、灵活、独创性的多维发散状的、视野广阔的思维模式，是测定创造力的重要指标，也是创意思维最主要的特点。这种思维就像发射的电波一样，向四面八方辐射，产生不同寻常、标新立异的效果，且与联想、直觉、灵感有密切关系。

图 3–5 所示是以水果一词为例的发散思维地图。作者围绕水果一词，从不同路线、不同方向做出多向联想。通过水果一词，联想到苹果、香蕉、樱桃、菠萝等，再通过苹果、香蕉、樱桃、菠萝联想到果园、果农、销售商、购买者，再通过果园、果农、销售商、购买者联想到维生素、保健、医生……这种不间断的流畅性联想，将产生无数独特的延伸答案。发散思维的训练方法是建立在对某一物像的形或意的延伸上，用发散性思维寻找创意点的一种训练方法。

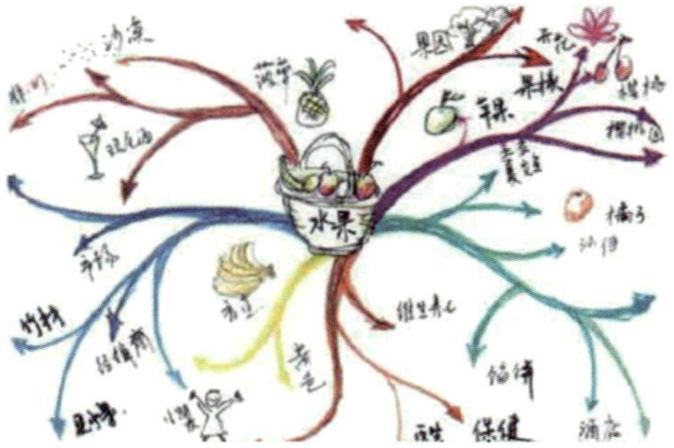

图 3–5　图形的发散思维训练

（三）收敛思维

收敛思维又称为集中思维、求同思维或汇合思维，是相对于发散思维而言的，指从已有的图形信息中清理和筛选出最佳形式，从中推断出一个正确的、理想的设计方案。它是一个有方向、有范围、有结果、有条理的思维方式。收敛思维具有综合性、聚焦性、系统性、比较性等特征。收敛思维的过程要求我们在众多概念中提取出它们共同的属性。

收敛思维的训练可以与发散思维训练结合，但必须在时间上分开，即分阶段地操作。首先在特定的范围内进行形与意的联想，随后在想象的基础上进行归纳总结。在收敛思维的训练中必须综合考察各种思维成果，再进行综合的比较和分析，因为收敛思维不是简单的排列组合，而是具有创新性的整合，也就是以目标为核心，对原有的知识从内容和结构上进行有目的的清理筛选。

（四）逆向思维

逆向思维是针对“顺向思维”而言的，俗称反向思维、逆反思维，是指从反面提出问题和思索问题的思维过程，旨在以违反常规的思维方式来解决问题。它是发散思维的一种特殊形式，在图形创意上体现为设计者组织、营造图形的特殊表现方法。在具体设计实践中，设计师充分发挥联想和想象，以与事物常规相反的角度去表现事物，将现实与幻想、真实与虚幻、主观与客观结合起来，创造出反常态、变异和矛盾的视觉图形。

图 3-6　天鹅与鳄鱼

如图 3-6 所示的图形，在外表上看到的是一只张着大嘴的鳄鱼，可是在嘴里却隐含着一只天鹅的形状，设计者采用逆向思维，使造型生动有趣，并有出人意料的效果。

（五）悖论思维

悖论是从人们认为正确的前提和背景出发，通过有效的逻辑指导，得出两个互相矛盾的命题。悖论是表面上同一命题或推理中隐含着两个对立的结论，而这两个结论都能自圆其说。悖论的抽象公式就是：如果事件 A 发生，则推导出非 A，非 A 发生则推导出 A。悖论是命题或推理中隐含的思维的不同层次、意义（内容）和表达方式（形式）、主观和客观、主体和客体、事实和价值的混淆，是思维内容与思维形式、思维主体与思维客体、思维层次与思维对象的不对称，是思维结构、逻辑结构的不对称。悖论源于知性认识、知性逻辑（传统逻辑）、矛盾逻辑的局限性。产生悖论的根本原因是把传统逻辑形式化、把形式逻辑普适化和绝对化，即把形式逻辑当做思维方式。所有悖论都是因形式逻辑思维方式产生，形式逻辑思维方式发现不了、解释不了、解决不了的逻辑错误。所谓解悖，就是运用对称逻辑思维方式发现、纠正悖论中的逻辑错误。

（六）模糊思维

模糊思维即运用潜意识的活动及未知的不确定的模糊概念，从而形成富有价值的思维结果。模糊思维是与精确思维相对立的，但是模糊思维并非含糊不清，更不是抛弃逻辑，而是辩证思维的一种，最终达到模糊与精确、逻辑与非逻辑的统一。模糊思维在处理不断变化的错综复杂的各个因素时，以不确定的发展趋势与现实状态来整体把握客观事物，进行多维无定式思考，具有朦胧性、不确定性、灵活性等特点。

第三节｜图形语言与广告图形表现方法

一、图形语言

图形语言是现代社会中沟通交流的一种重要的视觉语言形式。图形语言从狭义上解释就是指形象、色彩、质感、量感等因素及它们之间的构成关系。图形语言相对于设计作品就如同文章中的字、词、句，也可看成舞蹈中的肢体动作、音乐中的音符。一般来说，文字可以表达较为明确的概念，但它的使用范围极为有限，只有在一定的国家或地区，在信息传播者与接受者都认识和理解时才能够顺利地传播。而图形语言更形象、直观、具体，它不受地域和语言的限制，且视觉传达冲击力更强烈，更易于大众理解与接受。

图形语言不仅有传达记事的功能，更能够帮助人们理解，弥补文字的不足。正如德国著名视觉设计大师霍尔戈·马蒂斯（Holger Matthies）教授所说："一幅好的设计作品应该是靠图形语言，而不是靠文字来注解。"图形语言有着文字所无法比拟的魅力，它依靠优美的造型、巧妙的构图以及鲜明的色彩直观、形象地传播概念、信息和情感，并能够打破不同国家、地域和民族的界限而引起共鸣。

二、广告图形表现方法

为了吸引人们的注意，创造新颖、有趣的视觉形象，必须认真探究图形的表现形式，掌握图形表现的组织方法和构型规律，从而不断推陈出新，进一步丰富图形表达语言，使现代图形创意设计更加具有活力，形式更加多样新颖。

图形创意表现有自身的构成语言和组织特点，我们可以从图形的形态特征出发，探讨图形创意的表现形式，从中了解图形创意的方法。了解图形表现形式的内在规律将有助于设计师开发图形创意表现语言，在设计中结合自己的特点和优势，运用合理的图形表现形式，从而达到将自己的认知、情感、创意和观念，通过视觉形象准确地传达给他人，引起他人共鸣的设计目的。

（一）正负图形

正负图形也叫反转图形，是指正形和负形相互借用、互相依存、你中有我、我中有你的一种创意图形。作为正形的图和作为负形的底之间可以互相反转，在一种线形中隐含着两种不同的含义，有时也称为图底互换图形。现代图形设计注重合理地开发负空间，使画面的每一个空隙都能说话，将图形特有的语意生动形象地表现出来。

“鲁宾之杯”（如图 3–7 所示）是图底翻转的典型代表作品，它使人们在平面的静中感受动感，也称为“鲁宾壶”。人们在画面中看到的除了两个侧面的人，还有一只白色的杯子，人与杯子既是图形又互为背景。由于视点的不同，画面跳动闪烁，即具有双重意象，图和底随时可以转换，都是图形。这就是“正负形”或“图底翻转”。

在 1975 年为日本京王百货设计的宣传海报（如图 3–8 所示）中，福田繁雄就开始利用“图”“底”间的互生互存关系来探究错视原理。作品巧妙利用黑白、正负形成男女的腿，上下重复并置，黑色“底”上白色的女性的腿与白色“底”上黑色的男性的腿，虚实互补，互生互存，创造出简洁而有趣的效果，其手法为“正倒位图底翻转”。作品中的男女腿的元素，也成为福田海报中有代表性的视觉符号。

在 1986 年福田繁雄作品展海报（如图 3–9 所示）中，他将女人躯体的轮廓从中部横向分割，并且使被分割的图形做重复的平移式交错重组，造成图底交叉汇合的错视，我们可称之为影像的“水平交错式图底翻转”。这种互生互存的图底关系，不仅可使主体与背景相互交融成为一个共同体，也会使整体画面具有包容性与双重性的合作关系，使图形在简洁的构图中给人视觉的冲击，用最简单而对比最强烈的黑白两色将它们区分，使它们相互依存缺一不可。

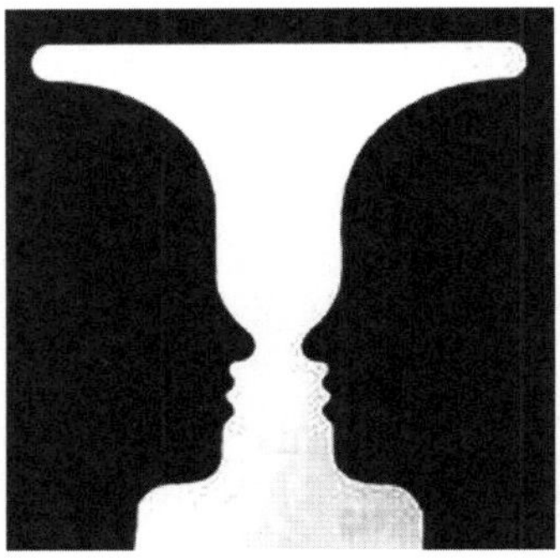

图 3–7　“鲁宾之杯” / 鲁宾

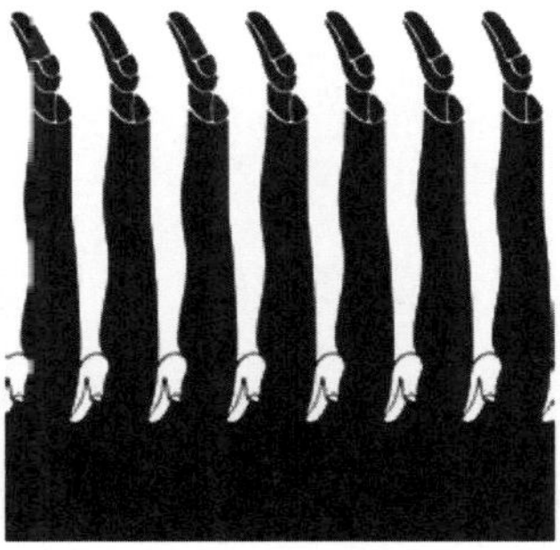

图 3–8　京王百货宣传海报 / 福田繁雄

图 3–9　个展海报 / 福田繁雄

图 3-10、图 3-11 有着同样的效果，值得学习借鉴。

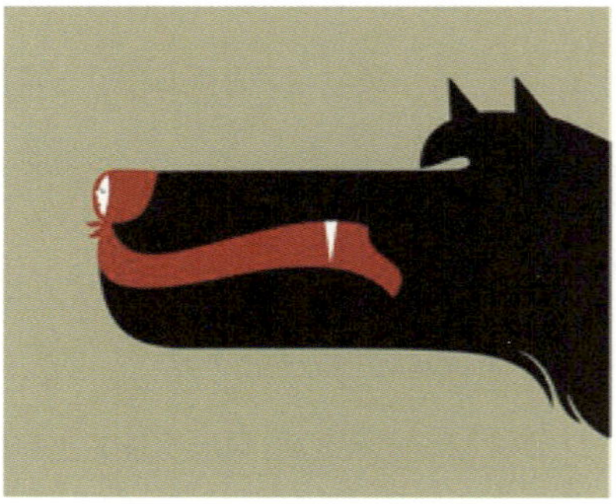

图 3-10 小红帽与狼

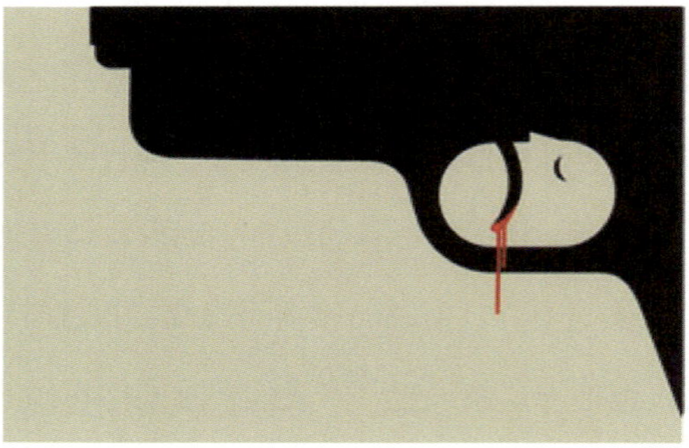

图 3-11 人与枪

（二）同构

我们在日常生活中可以看到有的植物经过嫁接便可以产生新的品种，这是一种组合创新的方式。现代图形设计也可以将表面上毫不相关却有着内在联系的不同物体进行组合，创造出富有新意的新形象，这就是同构图形。同构图形是由物体相似因素组合所形成的图形，这种相似既可以是视觉上的，也可以是心理上的，或是经验及知识上的。同构图形强调“创造”的观念，它不追求生活上的真实，而注重视觉表现上的艺术性和合理性。同构图形能让观者产生丰富的联想，并且可以表达深刻的内涵，体现了现代设计美学追求整体感和哲理性的创意理念。

同构图形是设计师的大胆创造和想象，但是它并非凭空产生的，而是在设计创造中以客观的态度进行合乎逻辑的组织和构造，是两种或多种物象的结合体。如埃及金字塔前的斯芬克斯狮身人面像就是同构表现形式的经典作品。同构图形按构成方式分类，主要有异形同构、置换同构和异质同构三类。

1. 异形同构

异形同构是将表面上看似不符合逻辑的形象，通过其造型的相近性联系组合成一个整体，传达出某种特定的信息和不同形态间的关系，从而创造出新的意义和价值。

福田繁雄是将异形同构的设计理念，以视觉符号的形式呈现在其海报作品中的先驱。在福田的海报作品中，可以看到他对该设计原理的巧妙运用。福田将异形同构原理以客观和风趣的形式呈现，使简洁的图形成为信息传递的媒介，从而使得其设计作品兼具艺术性与精神性的内涵，如图 3–12 所示。

图 3–12　个展海报 / 福田繁雄

2. 置换同构

置换同构俗称“偷梁换柱”，意指将组成某物质的某一特定元素与另一种不属于该物质的元素进行非现实的构造，传达出新的意义，如图 3–13、图 3–14、图 3–15 所示。

图 3–13　鞋与脚

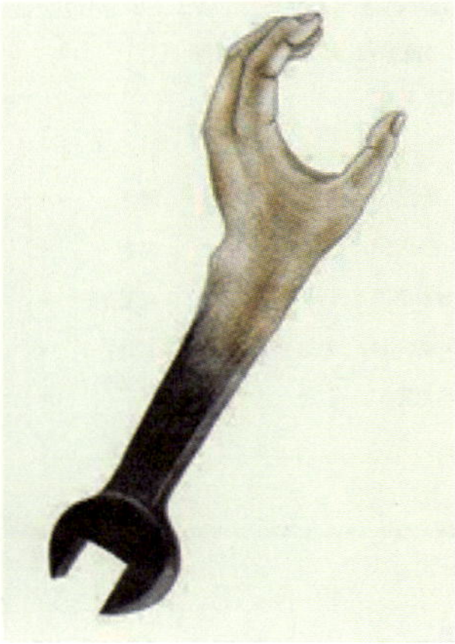

图 3–14　手与扳手

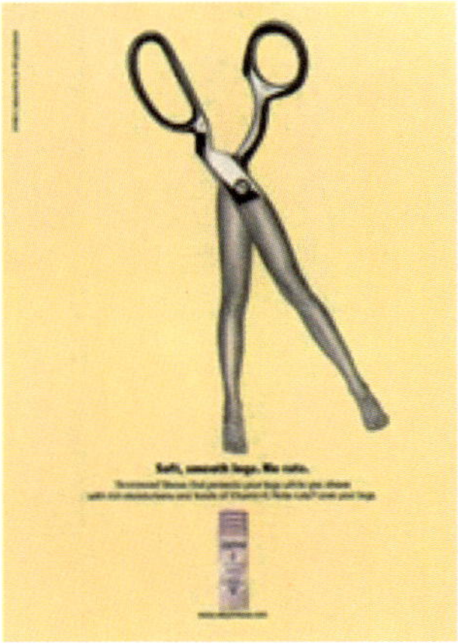

图 3–15　腿毛霜广告

3. 异质同构

世界上每种物体都有自己的材质，这也是其区别于其他物体的标志。如树是木质的，锅是金属质的等，这些都是大众熟知的生活常识。异质同构就是将一种物体的材质转化到另一种完全不同的物体上，从而使两种物体发生关系，使原本平淡无奇的形象因材质的改变而成为新奇的视觉图形。如图 3-16、图 3-17 所示。

图 3-16　汽车广告

图 3-17　椰子和小熊

| 案例 | 倒下的不止是树——让我们珍惜每一滴水

（1）在 PS 中创建一个新文档。设置宽与高为 10×10cm，分辨率为 100 像素，设置参数如图 3-18 所示。

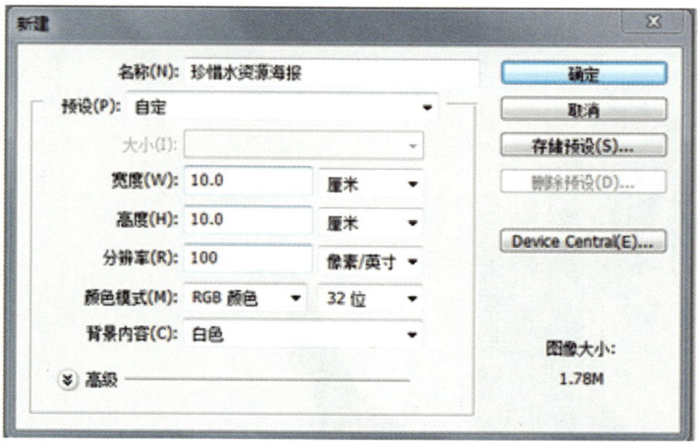

图 3-18　设置新文档参数

（2）导入如图 3-19 所示的土地素材，用模糊工具将后面的土地模糊化，效果如图 3-20 所示。

图 3-19　模糊前的土地背景

图 3-20　模糊后的土地背景

（3）导入如图 3-21 所示的豹子素材，用钢笔工具抠出豹子。将豹子移动至背景中，倾斜，效果如图 3-22 所示。

图 3-21　豹子

图 3-22　豹子放入背景中

（4）导入如图 3–23 所示的枯木素材，添加图层蒙版，将枯木与豹子结合成一体，效果如图 3–24 所示；按“Ctrl+U”，将枯木色调调暗，如图 3–25 所示。

图 3–23　枯木

图 3–24　枯木与豹子结合

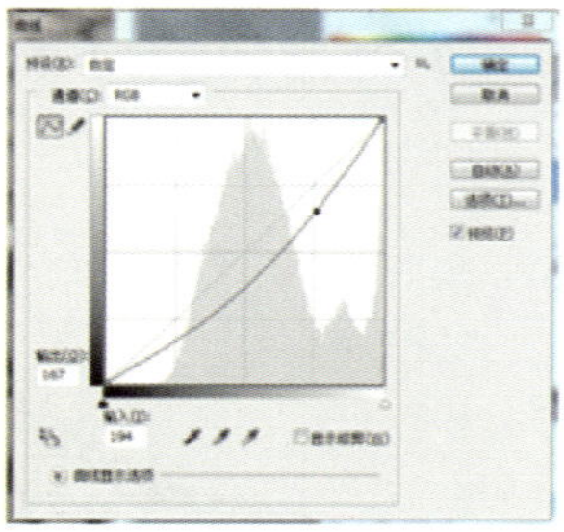

图 3–25　调暗色调

（5）将枯木和豹子图层合并，按“Ctrl+E”向下合并，效果如图 3–26 所示。双击此图层，弹出图层样式对话框，设置投影参数，如图 3–27 所示。

图 3–26　枯木与豹子图层合并

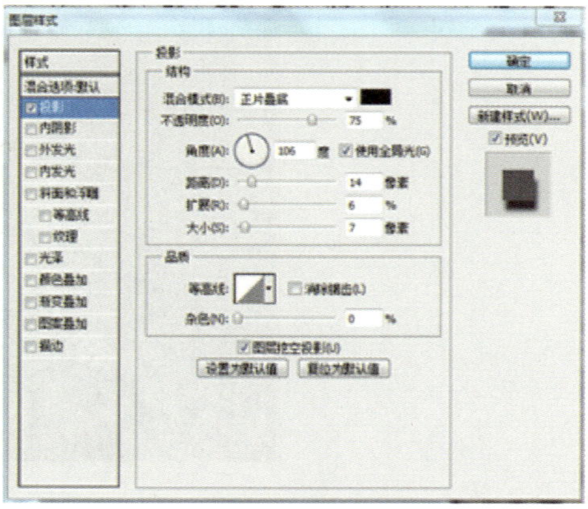

图 3–27　设置投影参数

（6）输入文字“倒下的不止是树——让我们珍惜每一滴水”，如图 3-28 所示，标题效果如图 3-29 所示。

图 3-28　标题文字

图 3-29　标题效果

（7）用加深工具加深背景上方，调整豹子的大小和位置，最终效果如图 3-30 所示。

图 3-30　最终效果图

（三）异影

物体在光的作用下便会产生与原物相对的影子，这是一种自然现象。影子由于其独特的表现力，被广泛地运用于写实绘画艺术、图形创意表现中。图形设计经常利用影子作为设计元素，以达到黑白对比的艺术效果。绘画艺术对影子的表现重在物象的统一，而图形创意设计对影子则强调视觉的变化和意念的深刻转变，它往往表现为对一个物体影子的艺术处理，即把原物体的影子变化为与之相反或相关的另一个物体的“影子”，这时，影子已不是物体的真实投影，它已成为作品中突出的创意元素。原物体和“影子”之间除了形似之外，还具有某种内在的联系。

在图形设计中，作者可以根据主题的需要，对影子进行加工和改造，通过影子来反映对象和表达作者的感情与深刻的思想内涵。这时的影子往往是创意中心所在，富有深刻的寓意，并给人联想的空间和视觉上的冲击。

图 3-31、图 3-32、图 3-33 可以显示影子在设计中的独特作用。

图 3-31　高跟鞋与沙皮狗

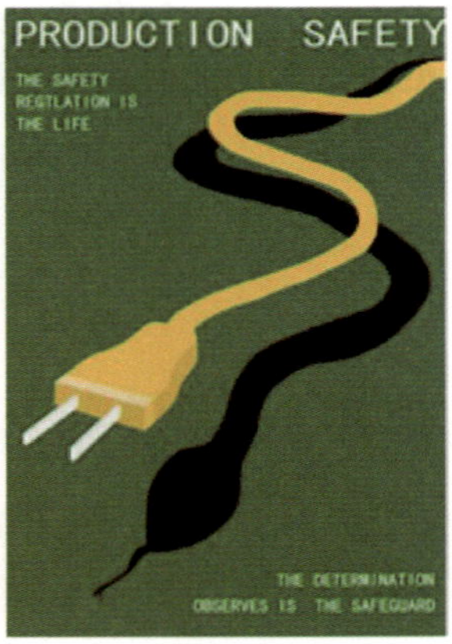

图 3-32　插头与蛇

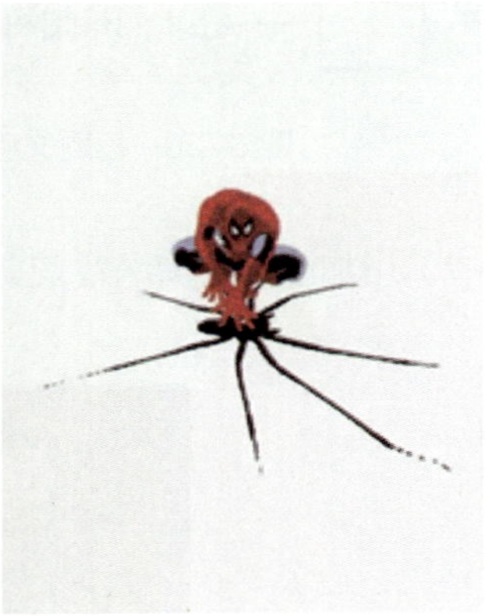

图 3-33　蜘蛛人

| 案例 | 战争与和平

（1）在 PS 中创建一个新文档。设置宽与高为 10×15cm，分辨率为 100 像素，设置参数如图 3-34 所示。

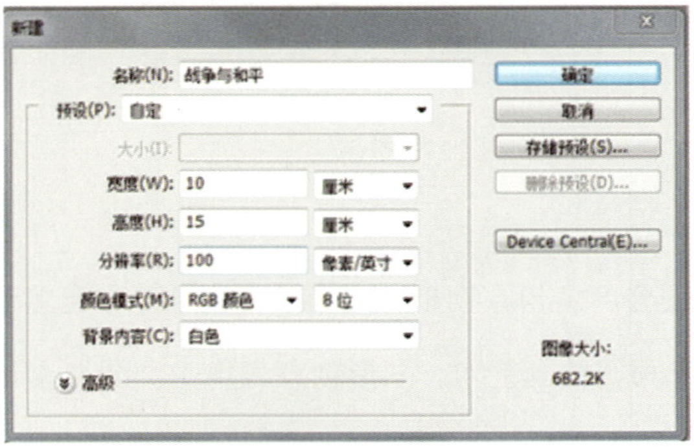

图 3-34　设置新文档参数

（2）用渐变工具，做出从黑到白的渐变背景，参数设置如图 3-35 所示，渐变背景效果如图 3-36 所示。

（3）导入如图 3-37 所示的白鸽素材，用钢笔工具抠出白鸽，放入背景中，如图 3-38 所示。

图 3-35 设置渐变参数

图 3-36 渐变背景效果

图 3-37 白鸽

图 3-38 白鸽放入背景中

（4）输入标题文字“战争与和平”，字体为方正大黑 _GBK，字号 36 点，字体颜色为 RGB 170.56.30，添加滤镜 \ 纹理 \ 龟裂缝，复制字体填充白色，右下移成阴影。效果如图 3-39、图 3-40 所示。

（5）用钢笔工具绘制一把枪，添加从黑到白渐变效果，如图 3-41 所示。

图 3-39 文字龟裂缝

图 3-40 文字白色阴影

图 3-41 枪渐变

（6）输入文字“战争与和平，你看见什么，你选择什么？”，字体黑体，字号 10 点，字体颜色为 RGB 170.56.30，添加投影，效果如图 3-42 所示。

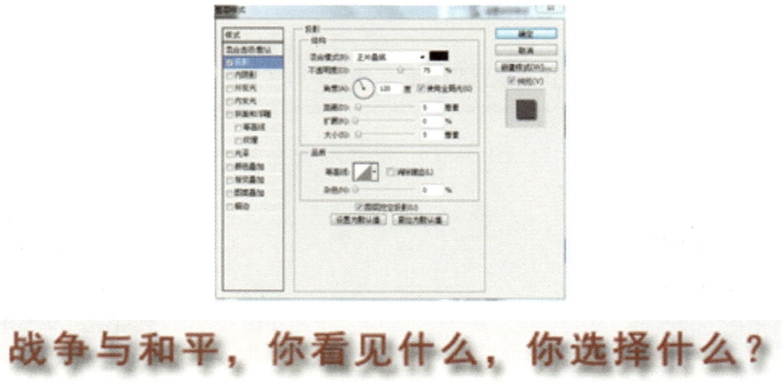

图 3-42　文字

（7）添加光晕效果， 如图 3-43 所示。

（8）最终效果如图 3-44 所示。

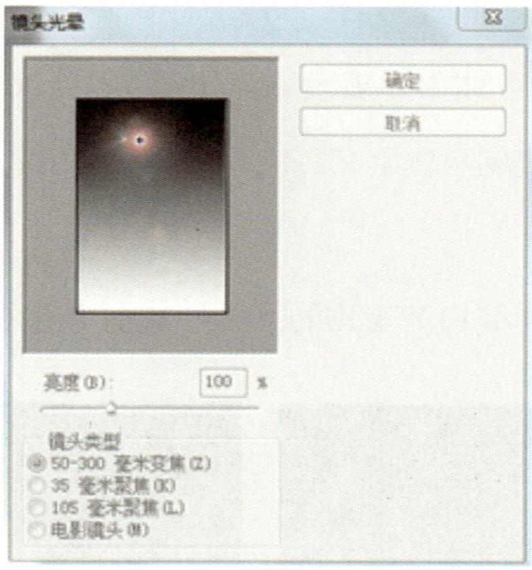

图 3-43　设置光晕参数

图 3-44　最终效果图

（四）矛盾空间

矛盾空间通常是利用人们视点的转换和交替，在二维平面上表现三维立体形态，但在三维形态中又显现出模棱两可的视觉效果，从而造成空间的混乱，产生了介于两种状态之间的空间状态。这是实际中不可能存在的幻想空间，具有表现多视点的特征。它打破了时空的界限，以立体图式混淆我们的视觉，具有一定的荒诞性，这种独特的意念和形式可以给人留下深刻的印象。

福田繁雄对矛盾空间手法的掌握和运用，是其在错视原理上的又一成就。他运用错视原理，使二维空间与三维空间产生错综复杂的结合，使构思与表现达到完美契合，创造出神秘而不可思议的视觉世界，使观者在趣味中体会作者的创作意图。

在如图 3–45 所示的 1987 年福田繁雄的招贴设计中，他将静坐在台前的人的四个不同视觉的状态，表现于同一画面，用单纯的线、面造成空间的穿插，大面积的黄色与人物黑色剪影对比，使整个画面产生强烈的视觉效果。这种空间意识的模糊，在视觉表现上具有多重意义的特性。色彩、形体、动静对比强烈，块面分割舒适，颇有幽默感。

图 3–46 为 1999 年福田为日本松屋百货集团创业 130 周年的庆祝活动设计的海报，他在同一画面中呈现两个视角不同的人形，一个仰视的角度，一个俯视的角度，由此产生了视觉的悖论，从而带来视觉趣味。

图 3–45　招贴设计 / 福田繁雄

图 3–46　周年活动海报 / 福田繁雄

荷兰版画家埃舍尔（M.C.Escher）的《升与降》乍看上去似乎没什么异样，建筑物造得规规矩矩，非常写实，楼顶上两队人相向而行，一队人在上台阶，而另一队人在下台阶，可是这样的路似乎永远没有尽头。这种空间的悖论在现实中显然是不可能存在的，埃舍尔正是利用了逻辑关系的错误和矛盾空间的转换形成了视觉真实的假象。如此轮回不绝，永远循环，形成了不确定的视觉幻觉。如图 3-47 所示。

在图 3-48 中，空间的变化更为复杂，透视变化和扭曲变形被糅合在一起。从右下角画廊的入口处走进画廊，会看见左下角有一个年轻人在观赏墙上的一幅画，画中一个妇女倚在窗台前，下面是一个画廊，然后他看见自己赫然地也站在画中。这样的处理，使人感觉到一种“不识庐山真面目，只缘身在此山中”的境界。埃舍尔通过这种空间的变化、错位和波动，创造出一个美妙的艺术空间。

图 3-47 《升与降》/ 埃舍尔

图 3-48 《画廊》/ 埃舍尔

| 作业布置 |

1. 图形创意设计思维的特征有哪几种?
2. 按照图形创意设计思维的特征各设计一幅创意广告海报。
3. 图形创意设计思维方法有哪几种?
4. 按照图形创意设计思维方法各设计一幅创意广告海报。
5. 广告图形的表现方法有哪几种?
6. 按照广告图形的表现方法各设计一幅创意广告海报。

第四章

广告设计综合实例

| 内容提示 |

本章从广告设计不同细分项目的角度出发，以软件操作为基础，并结合笔者多年的教学及从业经验，将每个项目从理论知识准备到实际操作过程做系统性、可操作性的详细步骤解读，希望平面设计与电脑美术初学者能够从中获益，提高自己的设计与制作水平。本章第一节重点介绍文字设计，第二节将文字设计融入具体的实操项目中进行综合制作，图文并茂，步骤清晰，具有较强的可读性和可操作性。

| 本章重点与难点 |

1. 广告文字设计

2. 综合实例

第一节 | **广告文字设计**

一、广告字体风格

风格，是指具有独特的表现、打扮、行事作风等。我们常说“千人千面”，就是指不同的人呈现出不同的性格面貌，字体亦同理。我们可以通过外在形象、装扮直观感受他人的性格。字体则是文字的性格体现，不同的字体会传递不同的文化价值观，选择了和文本意义相匹配的字体，可以让读者在阅读之前就先通过字形和笔画风格了解你所要传达的情感，做到真正的“传情达意”，这也正是字体设计的意义所在。

以图 4-1 所示的两组字体为例，字体文案是一样的，比较一下哪个更能正确传达文案的情感性格。

图 4-1　字体的情感性格示例

不难看出，相对比而言，上面一组字形是和字体性格相契合的，“钢筋铁骨”用笔画粗放、刚硬的黑字体来表现，处处透着力量感，而换成下面的悦黑字体则笔画纤细，柔若无骨，不能传达字体性格；相反，“柔情似水”这一主题用纤细的悦圆字体表现则恰到好处。常见的字体风格可以概括为以下几种。

（一）男性力量风格

此类字形刚硬稳重，大方硬朗，彰显男性风格，一般选用较粗笔画表现，字体编排统一规整，整体视觉冲击力较强，适合做大标题，能马上吸引眼球，如图 4–2 所示。一般用于塑造男性、机械科技、战争等主题的画面，如图 4–3 所示。

图 4–2　男性力量风格字体

图 4–3　使用男性力量风格字体做标题的电影海报

（二）女性秀美风格

女性秀美风格通常会让人联想起“细腻、优雅、柔美、感性”等词汇。女性秀美风格字体一般笔画纤细，线条流畅，婀娜飘逸，给人清新娟秀之感，如图 4–4 所示。一般用于表现女性主题，如服饰类、美妆类、婚嫁类等。图 4–5 所示为使用女性秀美风格字体的招贴海报。

图 4–4　女性秀美风格字体

图 4–5　使用女性秀美风格字体的招贴海报

（三）卡通儿童风格

这类字体造型多变，活泼生动，有点类似小孩子写的字体，广为 POP 手绘海报所采用，电脑效果配合加工可以做出更丰富多变的效果。如图 4–6 所示，看似随意但是笔画之间的穿插和衔接都有讲究，色彩一般采用丰富明快、纯度高的颜色。这类风格给人一种憨态可掬、天真可爱的感觉，适用于儿童、零食、节日、游戏等主题，如图 4–7 所示。

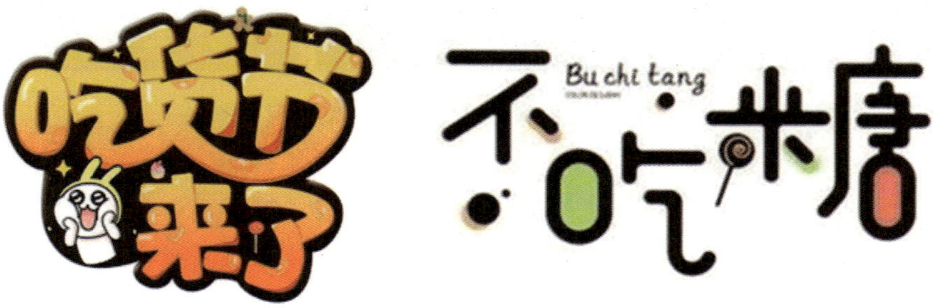

图 4–6　卡通儿童风格字体

图 4-7　使用卡通儿童风格字体做标题的海报

（四）民族文化风格

文字是记录历史、交流思想、承载语言的图像或符号，是文化的承载体。采用民族风格明显的字体能为自己的设计注入深厚的文化韵味，让人思之有味。这类字体多用于传统产品、特色饮食、文化宣传等主题。如图 4-8、图 4-9、图 4-10 所示。

图 4-8　藏文元素提炼

图 4-9　哥特风字体元素提炼

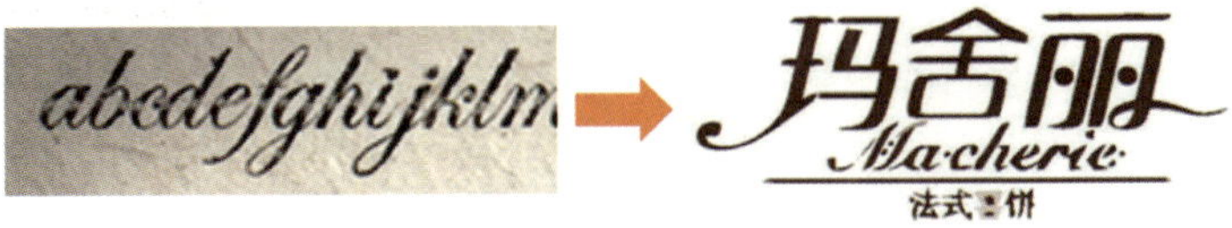

图 4-10　欧式手写体元素提炼

上面三个图分别将藏文、哥特风字体和欧式手写体融入汉字的笔画特点中，为汉字造型加入了独特的文化韵味。随着中国国力越来越强盛，中国文化也越来越为国际社会熟知，中国风字体成为近来国内外平面设计中的大热门。中国风字体主要以书法体、楷体、宋体为常见类别。图 4-11 所示为使用中国书法体做标题的海报。

图 4-11　使用中国书法体做标题的海报

（五）文艺清新风格

文艺风一开始是指流行的一种穿衣风格，逐渐成为一种风潮之后，就成了一种文化现象，并产生了大量与之配套的海报设计、字体设计。目前常见的字体风格多以宋体为基础，字形会稍稍拉长，保留宋体的有衬线特点，横笔特别细。还有一种字体使用无衬线体，字形拉长，有点类似篆书的笔画特点，清瘦飘逸。这种风格应用范围十分广泛，对比民族文化字体，它的民族味道没有那么明晰，是古典文化与现代时尚并存的综合体。如图 4-12 所示。

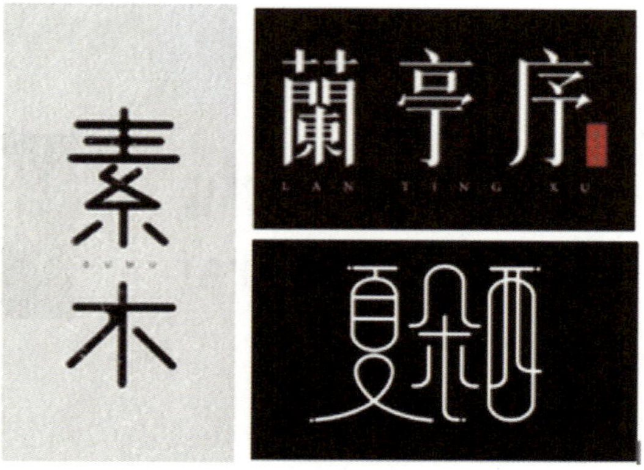

图 4-12　文艺清新风格字体

二、广告字形设计

字形设计的方法多种多样，主要目的是让文字造型和所要表现的主题更加契合，更有个性及视觉冲击力。主要包括以下几种方法。

（一）塑造笔画系统

与英文只要设计好 26 个基本英文字母就能组合出任意的单词一样，汉字虽然有千千万万，但是组成汉字的笔画也就那么几个，所以理论上我们只要把这套笔画系统给规定好了，就可以创造出自己的字形。

（二）变换笔画细节

变换笔画细节的方法很多，例如延长某个笔画或者用图形代替某个细节等，这样一来，文字的笔画将不再是单一的形态，改变的部分能很好地成为视觉聚焦中心。根据字面意思用醒目、突出甚至夸张的形象来展现，可以让文字更具趣味性。

（三）连笔和共用

这也是字体设计里面常见的字体处理方法，通过字与字之间某个笔画的延长或共用的方式来达到一种字面上的联系，整组字体的整体感和紧密性都会大大提高。连笔和共用笔画的设计必须要自然不牵强，给人天衣无缝的巧妙感。

下面我们通过若干个具体的案例展现字体设计的思路，希望对读者有所启发。

｜案例 1 ｜七里香中国风字体设计

背景介绍：七里香作为一种草药，由于其茂密、香气浓郁的特点，经常在文学艺术作品中被提及，用于表达某种特定的意境。最为人们熟知的不但有台湾作家席慕蓉的同名诗集，还有周杰伦 2004 年的同名中国风专辑。根据人们对于这个名词的一贯印象，将七里香字形设计的初始定位关键词设为：中国风、绵延、韵味。本组字体主要使用塑造笔画系统方法设计字形。

运用软件：AI、PS。

基础字体：标宋。

（1）使用钢笔工具，设定好要用的笔画细节，然后可以根据这些基本笔画来构建自己想要的文字。如图 4-13 所示。

图 4-13 基本笔画

（2）选择合适的笔画组成“七”字，用直接选择工具选中后面的锚点，进行拉伸。如图 4-14 所示。

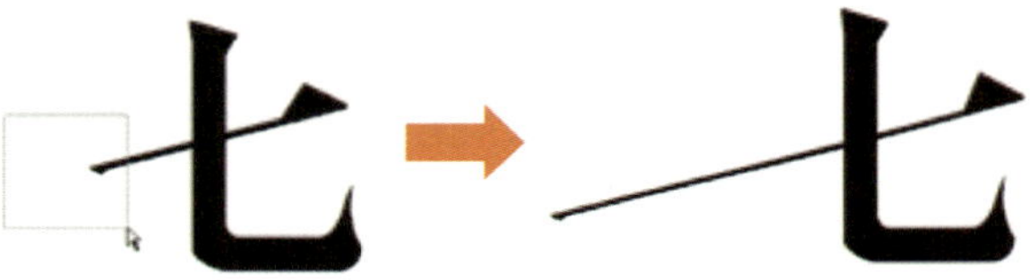

图 4-14 七字拉伸笔画

（3）选择合适的笔画组成“里”字，对“里”中间的一横进行延长。如图 4-15 所示。

图 4-15 里字笔画延长

（4）用同样的方法组成“香”字，对“日”中间的一横进行延长；选中“禾”的一横进行延长，使“禾”和“里”的下半部分共用一横。如图 4-16 所示。

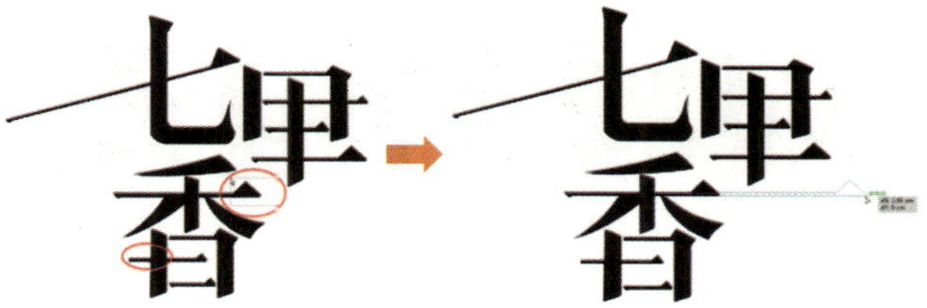

图 4-16　“香”和“里”共用一横

（5）进入 PS，拖入背景素材，并适当降低透明度，然后把用 AI 制作的字体分图层拉入 PS 中，并对其命名。效果如图 4-17 所示。

图 4-17　最终效果图

｜案例 2 ｜卡通儿童风格字体设计

背景介绍：这是一项日式动画片的片头字体设计任务。狐狸是日本文化里代表农业丰收的神——稻荷神的使者，很多神社都会将其作为供奉对象。动画片受众是 7~12 岁儿童，以日本狐狸形象作为卡通片主角，所以字体风格需要比较可爱的卡通造型，画面风格要温暖清新。

运用软件：AI。

基础字体：华康海报体。

创作全程通过电脑完成，当然在创作前可以自己先在草稿本上写写画画找一下灵感，确定笔画大概的创作风格，字体间的图形替换等，用笔来表现会更加随意，便于发挥创意。我们在设计字形的时候也可以借鉴一些网络字库，在已有字形的基础上进行创意加工。

（1）在网上搜索合适的字体风格，下载安装使用，按照自己要的内容打字之后扩展轮廓，便于变形编辑，这里使用了华康海报体作为参考字形。如图 4-18 所示。

图 4-18　华康海报体

（2）用钢笔工具勾勒一个弯度，然后用宽度工具（组合键“Shift+W”）制作圆弧，绘制有狐狸特征的笔画，进行笔画替换。如图 4-19 所示。

图 4-19　制作圆弧，替换笔画

（3）“狸”字增加些象形装饰，使之和主题更加贴近。如图 4-20 所示。

图 4-20　狐狸耳朵

（4）为了体现日系风格，“的”字使用日文代替，日文部分因为内容较少，自行用钢笔工具绘制即可，绘制时要注意和基本字形粗细的协调。如图 4-21 所示。

图 4-21　日文替换

（5）把“夏”字里面用图形置换，绘制一个五角星，复制一个，然后减去顶层。如图 4-22 所示。

图 4-22　添加五角星

（6）把“天”字的捺延长，调整位置。如图 4-23 所示。

图 4-23　笔画延长

（7）大功告成，整体字形效果如图 4-24 所示。

图 4-24　最终效果图

｜案例 3｜“亚瑟”欧式字体设计

背景介绍：亚瑟，史称亚瑟王，传说中古不列颠最富有传奇色彩的伟大国王。人们对他的认识更多来自凯尔特神话传说和中世纪的一些文献。这组字体练习的设定是装饰性极强的欧式风格，而欧式风格里有很多方向，比较常见的是偏洛可可风的花体和哥特式字体。为了做前期准备，上网找了一些欧式英文作为参考字体，如图 4-25 所示。

图 4-25　欧式参考字体

洛可可式花体显得比较浪漫唯美，结合亚瑟王的神话背景，决定采用比较神秘肃穆的哥特体作为表现风格。

运用软件：AI。

（1）提炼出哥特风格的字体的笔画，如图 4-26 所示，对其进行修改。

图 4-26　提炼出参考笔画风格

（2）因为欧式字体的装饰性，所以选定有衬线体宋体作为字体结构参考对象，降低透明度。如图 4–27 所示。

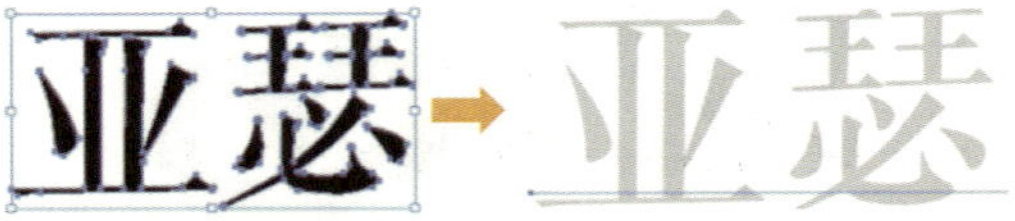

图 4–27　降低透明度

（3）在降低透明度的基本字形上面进行笔画制作，基本比例参考基本字形，但其实是全新创作，调整过程要慢慢做到位，对字形进行细节描画，加入一些欧美元素，看起来会更有感觉。如图 4–28 所示。

图 4–28　笔画再创作

（4）绘制一个三角形，如图 4–29 所示，复制一个并水平翻转。

图 4–29　绘制三角形

（5）剪切掉三角形的一部分；加入英文和宝剑，加入宝剑的形状后发现对字体笔画的形态阻挡较多而影响观感，又将中间处理成穿插式中空。如图 4–30 所示。

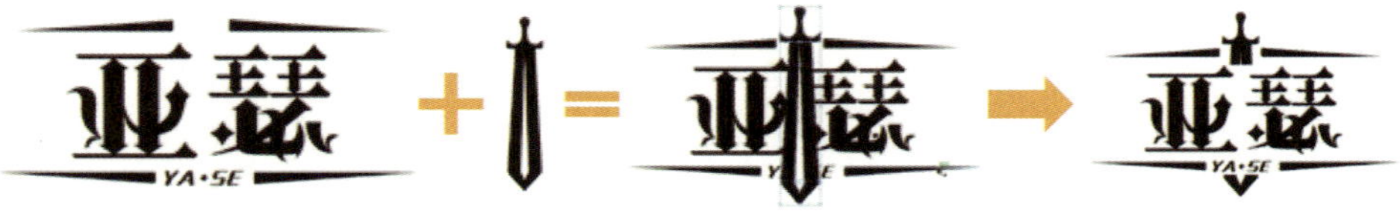

图 4–30　加入英文和宝剑装饰形态

（6）将字体稍微倾斜，使其看起来有力量感，如图 4−31 所示。

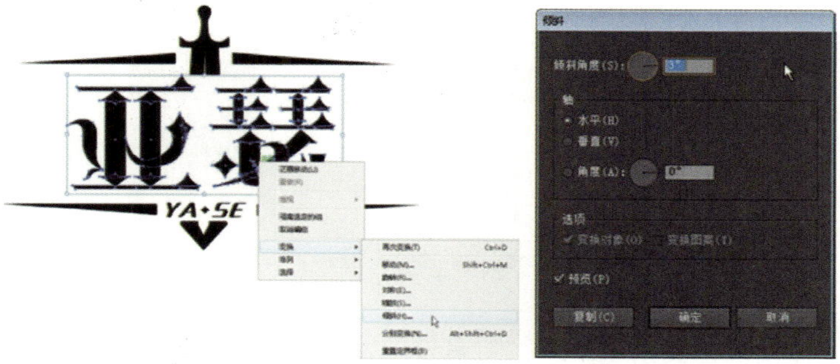

图 4−31　字体倾斜

（7）最终字形完成，如图 4−32 所示。

图 4−32　最终字形

｜案例 4 ｜淘宝文艺风标题设计

背景说明：这是一个淘宝店铺促销活动的标题设计。该店主要从事品牌女装销售，字形要求比较时尚、女性化，用细笔画表现纤细柔美的感觉。

运用软件：AI。

基础字体：黑体。

（1）选定无衬线体黑体作为参考字体，输入文案，调整透明度，解锁图层。如图 4−33 所示 。

图 4−33　黑体作底

（2）运用钢笔造字法，调整描边，大小为 1 像素，如图 4–34 所示。

图 4–34　钢笔造字，调整描边

（3）设定字体细节：交接之处进行断笔处理，字体整体效果如图 4–35 所示。

图 4–35　断笔处理

（4）字数比较多，排版上进行分行处理，如图 4–36 所示。

（5）对字体进行倾斜，倾斜角度 13 度，再加上一些辅助性的装饰（大小看实际情况），如图 4–37 所示。

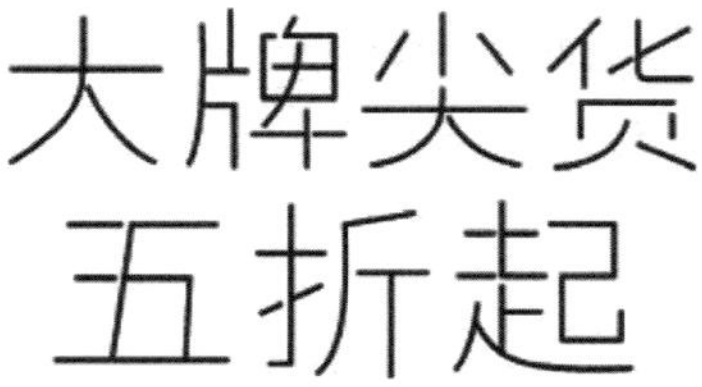

图 4–36　分行处理

图 4–37　字体倾斜，添加装饰

（6）对辅助文字进行倾斜，进行细节上的一些修正，字形完成，效果如图 4–38 所示。

图 4–38　最终效果

三、广告字体装饰

前面我们已经学习了不同风格的字形的设计过程，这一部分我们将会在前面的基础上继续进行字体的装饰和特效加工。随着电脑技术的普及，字体设计也在发生天翻地覆的革新和进步。字体加工模式从过去的平面手绘逐渐向立体化、幻彩化、光影化过渡，如今实现设计效果的手段多种多样，可以说只有你想不出的，没有办不到的。合适的字体装饰可以让字体性格更加准确地凸显，可以为字体增加质感，是字体设计中不可或缺的一环。

｜案例 1｜“七里香”中国风字体装饰设计

（1）前面我们已经完成了七里香的基本字形设计，考虑到要配合字形设计一些辅助装饰图案，为了结合七里香的主题，选择了“烟”作为表现主体，而字形横笔比较纤细，所以烟云的形态不能过于块状化，否则过于抢眼，因此决定使用线条表现。使用圆角矩形工具，绘制两个一样的矩形；然后使用剪刀工具，点击删除不想要的部分；最后全部选中点击“对象—扩展”，将其转换成形状。如图 4–39 所示。

图 4–39　绘制烟雾

（2）进入 PS，在“七里香”字体设计的最终效果图（见图 4–40）中，对三个图层进行渐变叠加，如图 4–41 所示。

图 4–40　字形拖入素材背景

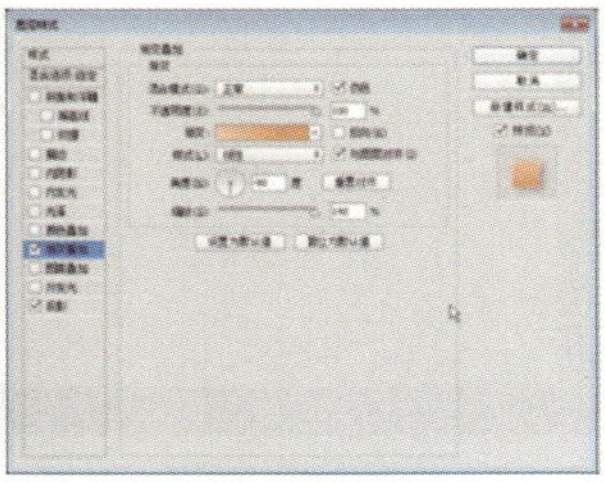

图 4–41　渐变叠加

（3）为七里香字体添加投影数值。“七”字投影数值如图 4–42 所示；“里”字投影数值：不透明度 19%，距离 15 像素，扩展 0，大小 13 像素；“香”字投影数值：不透明度 14%，距离 20 像素，扩展 0，大小 13 像素。当然，具体呈现效果可以根据需要自行调整。效果如图 4–43 所示。

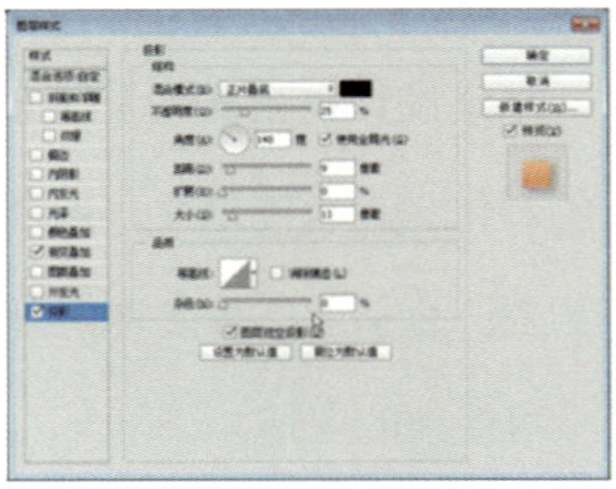

图 4–42 “七”字投影数值

图 4–43 添加投影效果

（4）拖入刚刚做的烟，进行颜色叠加和投影，颜色叠加橙色，投影设置如图 4–44 所示。效果如图 4–45 所示。

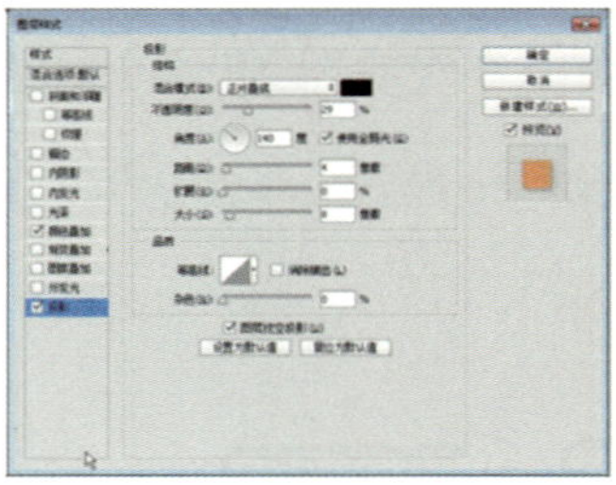

图 4–44 烟雾投影数值

图 4–45 添加烟雾效果

（5）加上烟雾效果之后还是略显单调，绘制落日，并添加颜色。如图 4–46、图 4–47 所示。

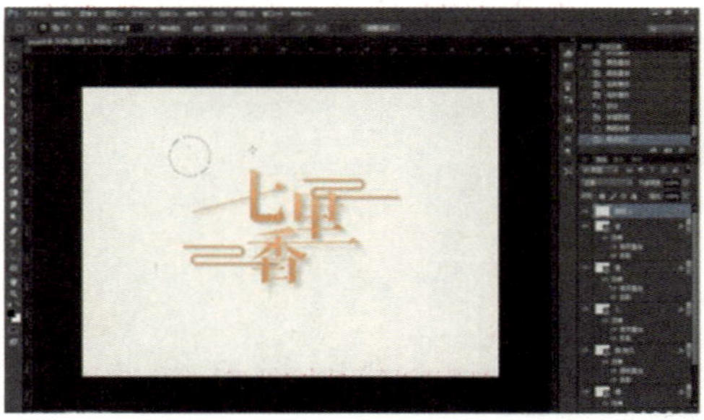

图 4–46 绘制落日

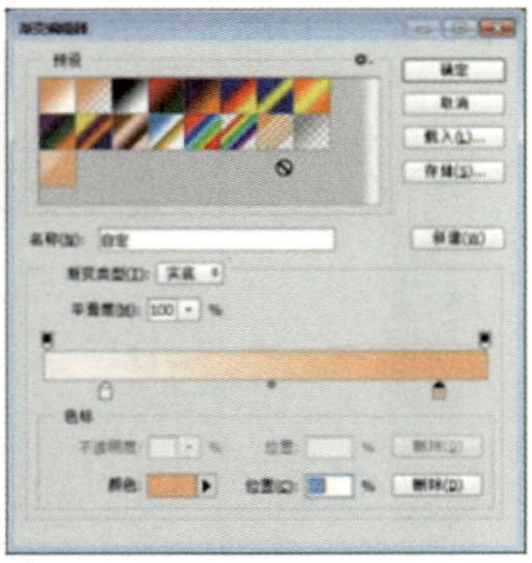

图 4–47 颜色添加

（6）修改细节，例如烟雾的形状和香字下面的日字中间那一横融合在一起，为避免形态太过复杂，调整其透明度，加入英文，盖印图层（快捷键“Ctrl+Alt+Shift+E”）；使用滤镜下的添加杂色功能为字体添加杂色。如图 4–48 所示。

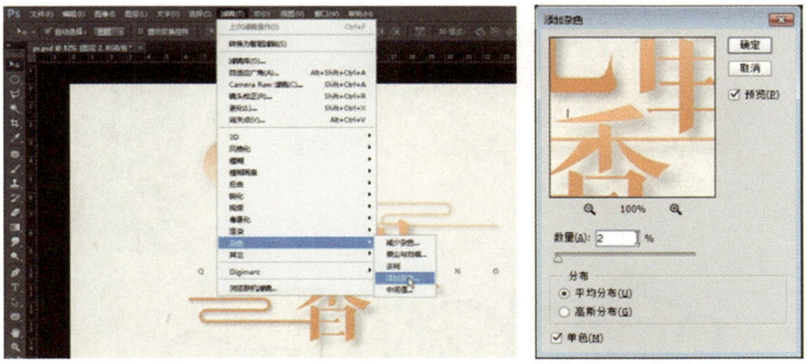

图 4–48　修改细节，添加杂色

（7）最终效果如图 4–49 所示。

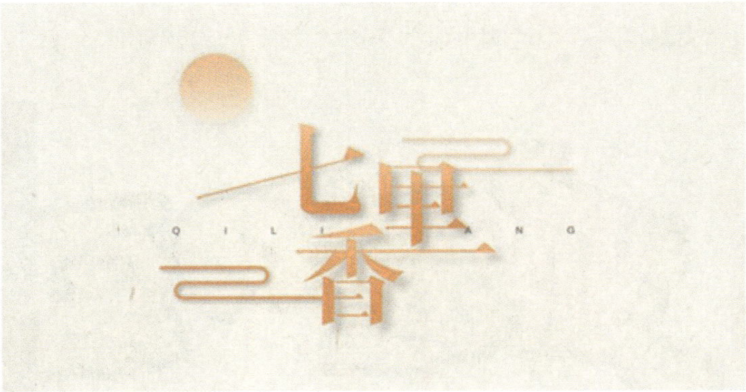

图 4–49　最终效果图

｜案例 2｜卡通儿童风格字体装饰设计

（1）给字体整体拉一个黄橙渐变，如图 4–50 所示。

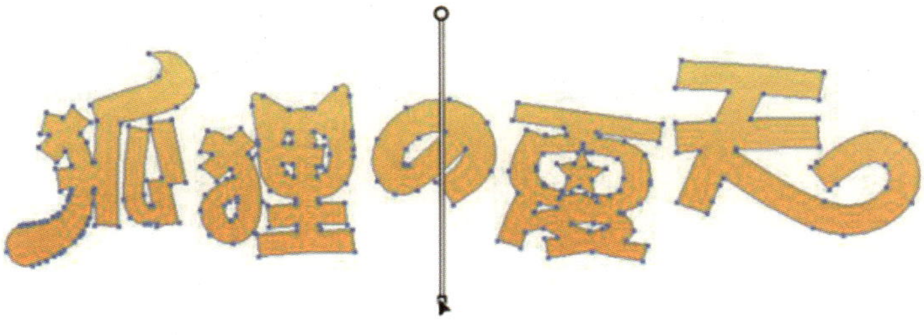

图 4–50　色彩渐变

（2）复制一层字体，转为描边，如图 4-51 所示。

图 4-51　字体描边

（3）添加高光阴影，高光不透明度设为 70%，如图 4-52 所示。

图 4-52　添加高光

（4）选择描边图层，扩展图层，如图 4-53 所示。

图 4-53　扩展图层

（5）选择合适的背景和字体进行搭配，配上拼音作为穿插装饰，效果如图 4-54 所示。

图 4–54　最终效果图

| 案例 3 | “亚瑟”欧式字体装饰设计

（1）拖入素材，载入素材选取，拷贝图层，图层样式为叠加。如图 4–55 所示。

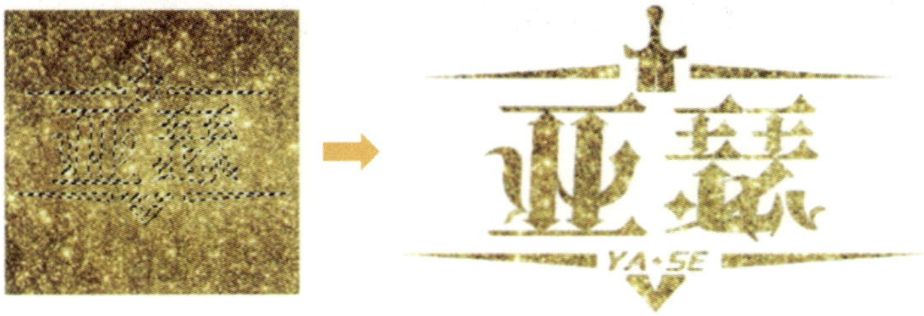

图 4–55　素材叠加

（2）填充背景图层为黑色，对金色图层进行图层样式设置，设置参数如图 4–56 至图 4–59 所示，设置后效果如图 4–60 所示。

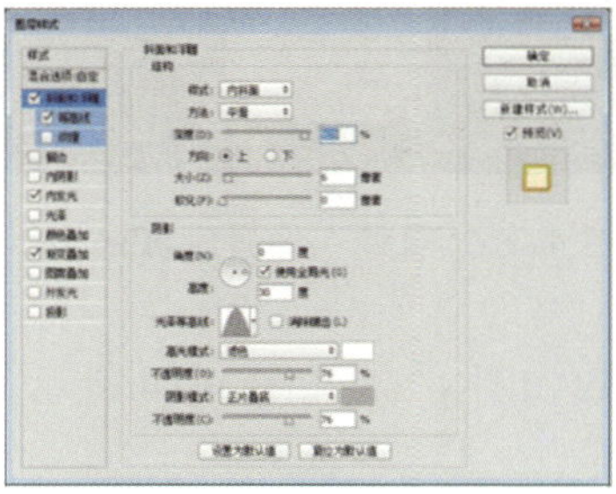

图 4–56　斜面浮雕数值

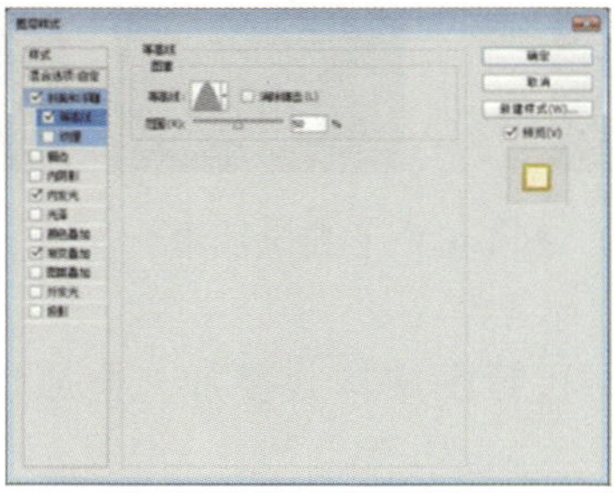

图 4–57　等高线数值

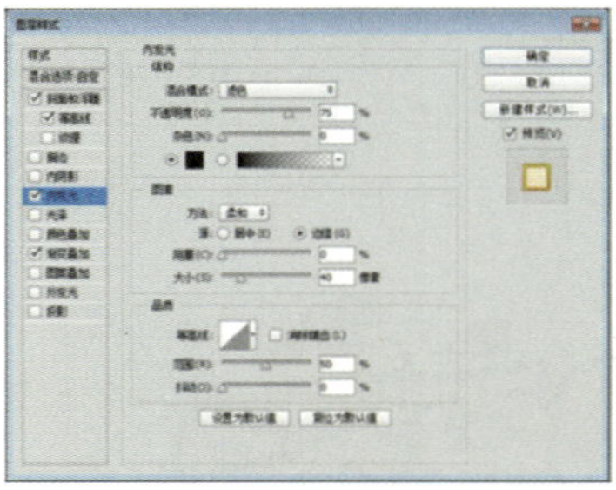

图 4–58　内发光数值

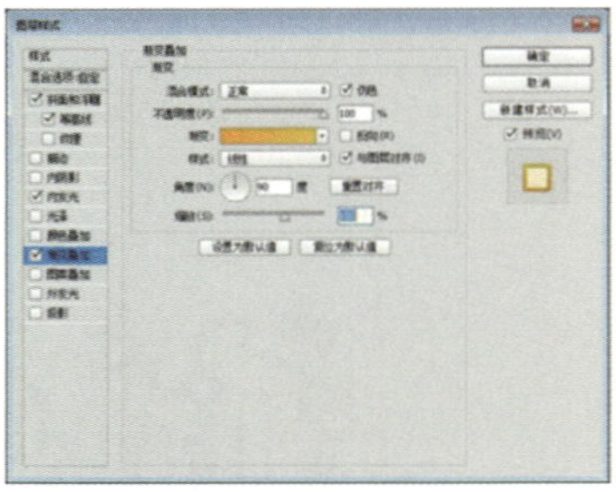

图 4–59　渐变叠加数值

图 4–60　调整效果

（3）拖入素材设置成自定义图案，如图 4–61 所示；载入字体图层，收缩 1 像素，新建图层，然后填充，如图 4–62 所示。

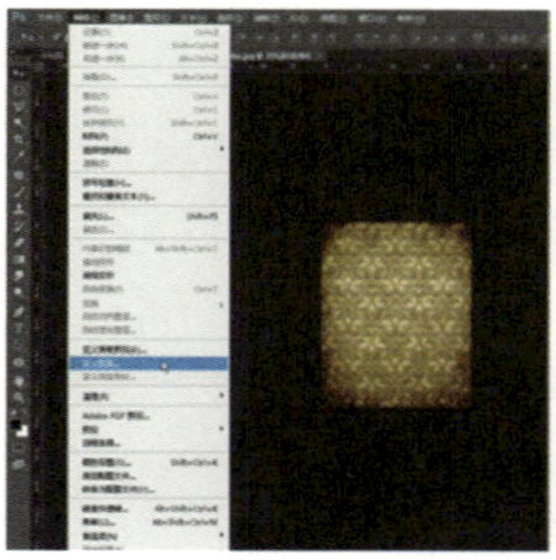

图 4–61　自定义图案

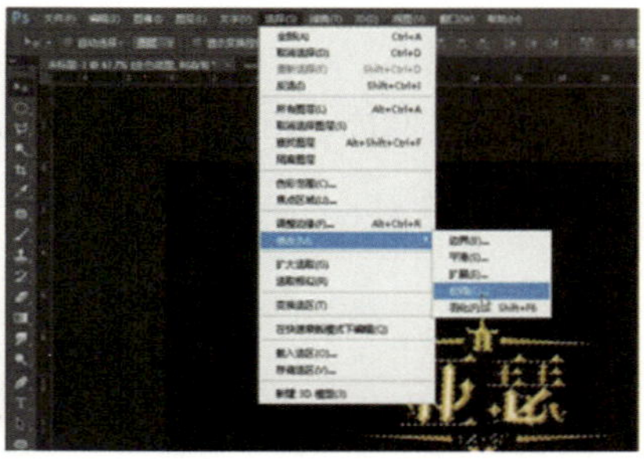

图 4–62　收缩 1 像素后填充

（4）对图层进行图层样式叠加，叠加参数如图 4–63 和图 4–64 所示。效果如图 4–65 所示。

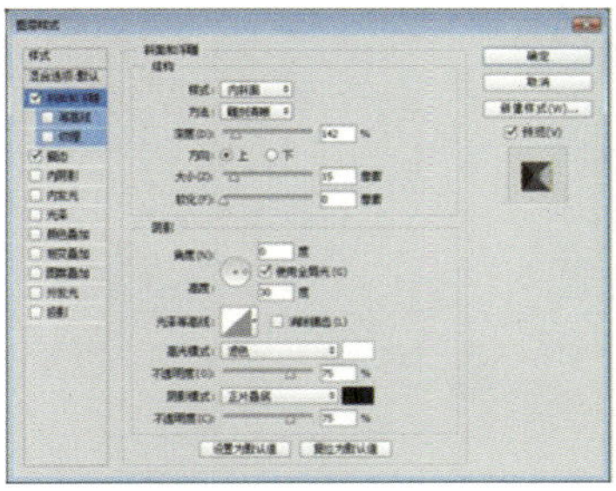

图 4-63　内斜面参数

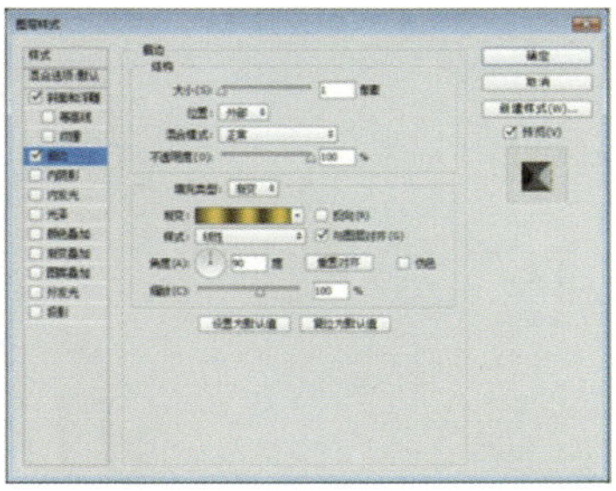

图 4-64　描边参数

图 4-65　调整后效果

（5）通过曲线调整亮度，如图 4-66 所示。调整后效果如图 4-67 所示。

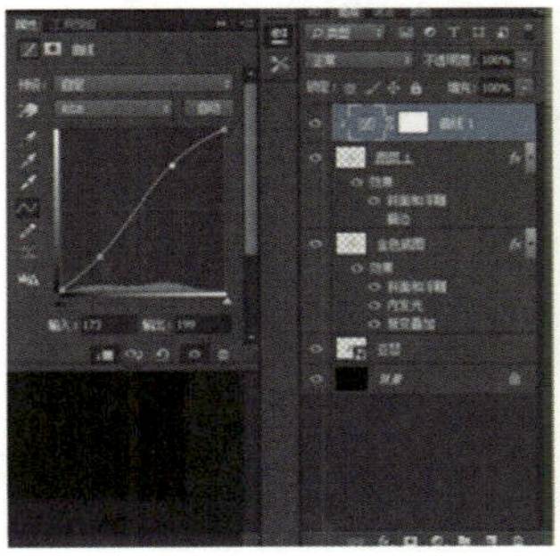

图 4-66　调整亮度

图 4-67　调整后效果

（6）添加背景衬托氛围，效果如图 4-68 所示。

图 4-68　最终效果图

| 案例 4 | 霓虹灯字体装饰设计

（1）在软件中拖入如图 4-69 所示的背景素材。

图 4-69　背景素材

（2）对字体图层设置颜色叠加，这里颜色数值为 cf27ff，也可看个人喜好，分别添加外发光、等高线、内发光、投影效果，参数设置如图 4-70 至图 4-73 所示。完成效果如图 4-74 所示。

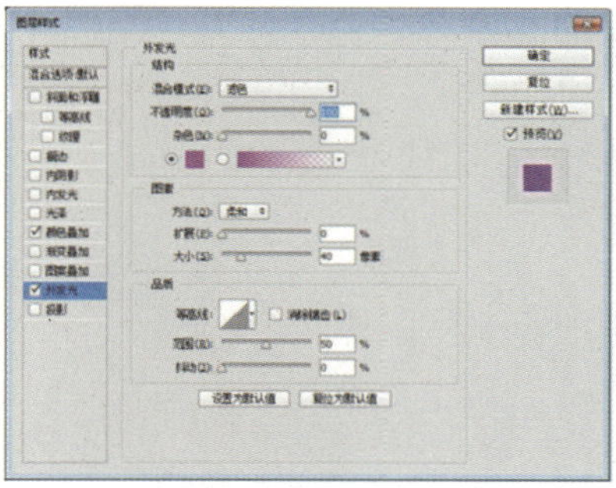

图 4–70　外发光数值

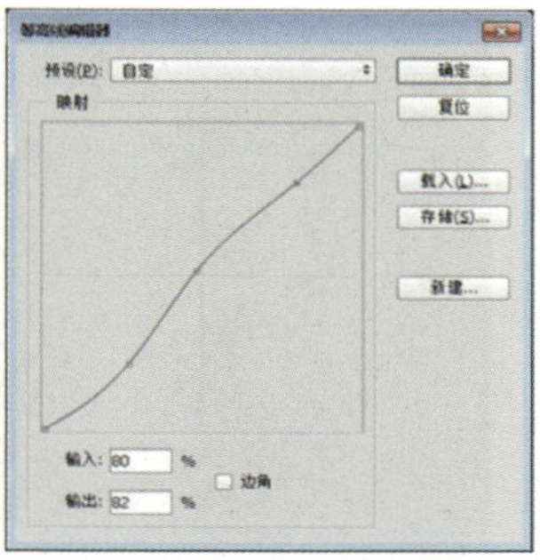

图 4–71　等高线数值

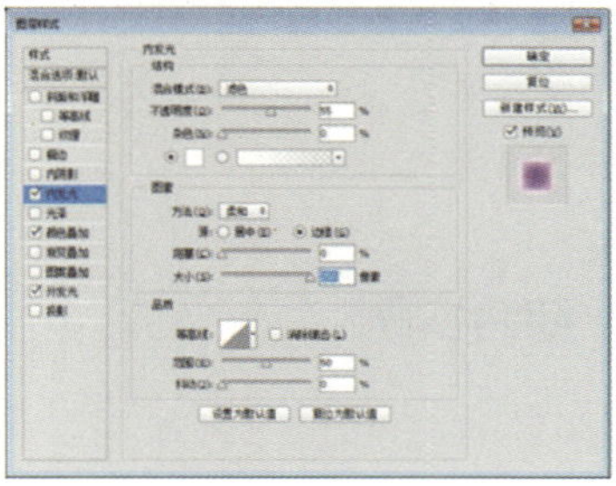

图 4–72　内发光数值

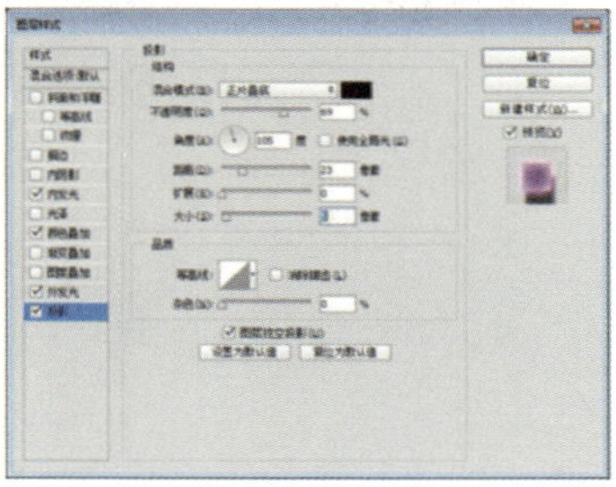

图 4–73　正片叠底数值

图 4–74　调整效果图

（3）新建图层，用画笔在字体下画出光影，画笔颜色设置成字体图层颜色，透明度 25%，线性减淡。效果如图 4–75 所示。

图 4-75　最终效果图

第二节 | 综合实例

一、招贴设计

招贴设计，也叫海报设计，多用于户外宣传，常见于街道、影（剧）院、展览会、商业区、机场、码头、车站、公园等公共场所，以醒目的画面吸引观者注意。早期也叫宣传画设计，国外叫“瞬间的艺术”。虽然现代广告媒体的发展日新月异，广告载体和传播渠道都大大拓展，但是招贴设计仍然在商业宣传中有着举足轻重的地位，这是因为它有如下几个特征，我们在设计的时候也要注意：

（1）尺寸设计自如：招贴设计可以根据所需要投放的不同场景设置合适的尺寸，比如室内走廊或者展馆、校园走道宣传以系列形式出现时尺寸可以设置得稍微小一些，而户外商业宣传以单张形式出现时则会做大尺寸处理，尽可能吸引行人注意。

（2）标题醒目：特别是户外宣传海报，因为受众都是行人，停留下来获取海报信息的时间非常有限，所以上面设置的文字信息不宜过多，尽量将主要宣传点通过言简意赅的标题形式集中呈现。

（3）颜色少且夺目：颜色不宜太过花哨，要有统一的主色调，当然为了能让远距离的行人第一眼就注意到，在贴合主题的前提下最好选取更鲜艳、明度更高的色彩。

（4）制作成本低廉：不管投放在店铺里面还是户外建筑上，相对于电视媒体制作和网络流量广告投放等新兴宣传手段，平面招贴广告的成本都是比较低廉的，相同宣传内容既可只贴一张，也可以张贴多张做密集型宣传。当然，灵活性相对也会稍逊于前两者。

我们目前常见的招贴设计的类型有：商业招贴、文化招贴和公益招贴。

商业招贴通常以商业宣传为目的，采用引人注目的视觉效果达到宣传某种商品或服务的目的。商业海报的设计应明确其商业主题，同时在文案的应用上要注意突出重点，不宜太花哨。如图 4–76 所示。

图 4–76 商业招贴

文化招贴是指宣传各种社会文娱活动及各类展览的招贴海报，常分布于街道、影（剧）院、展览会、商业闹区、车站、码头、公园等公共场所。它具有传播信息的作用，涉及内容广泛，艺术表现力丰富。如图 4–77 所示。

公益招贴具有特定的对公众的教育意义，有一定的思想性，其海报主题包括各种社会公益、道德的宣传，或政治思想的宣传，弘扬爱心奉献、共同进步的精神等。如图 4–78 所示。

图 4–77 文化招贴

图 4–78 公益招贴

| 案例 1 | “探茶”店庆活动招贴设计

设计背景：“探茶”是中国首家原创茶饮品牌，为 18 ~ 30 岁关注生活的人们带来“慢生活”的自在享受。本次店庆活动主要内容是顾客参与投掷飞镖活动赢取相关奖品。因为飞镖比赛是这家店每年店庆的必备项目，所以主题设为“飞镖活动重出江湖”。主要设计要求如下：

尺寸：高 81 厘米 × 宽 51 厘米。

标题：飞镖活动重出江湖。

主图：飞镖靶子。

文案内容：

奖项设置：

特等奖：五元券 ×6 张 + 十元券 ×3 张

一等奖：“探茶”定制陶瓷杯一个

二等奖：五元券 ×2 张

三等奖：五元券 ×1 张

参加门槛：满 28 元即可参与 1 次，满 38 元可参与 3 次。

游戏规则：掷中哪个等级算所在等级奖，特等奖为掷中两次圆心。

思路：此招贴安置在店门口，除了说明活动内容和奖赏之外，还供顾客投掷之用，所以主要面积用于展示靶心，主色调用高纯度红色，配合黑白标题突出活动内容。

（1）新建 3 012 像素 ×4 783 像素的文件，分辨率为 150 像素，如图 4–79 所示。

（2）从上往下拉一条中心渐变，如图 4–80 所示。

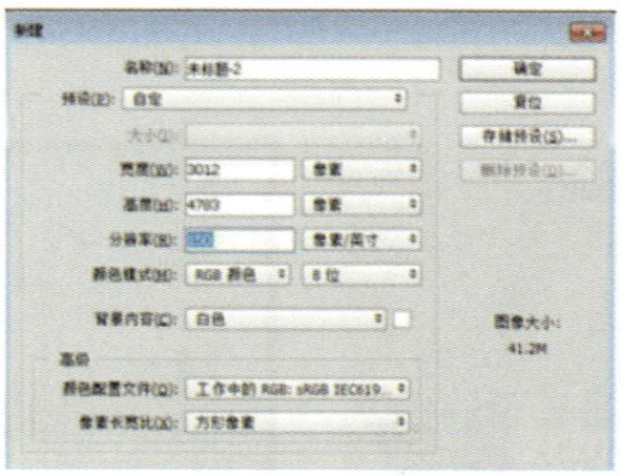

图 4–79 新建文件

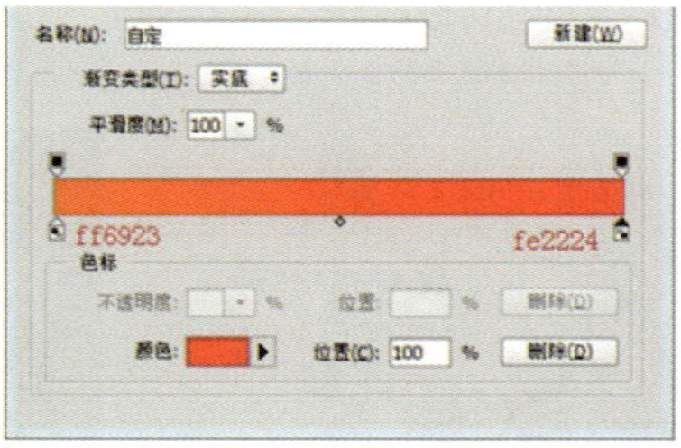

图 4–80 中心渐变

（3）输入活动内容，选择合适的字体，进行字体大小排列。如图 4–81 所示。

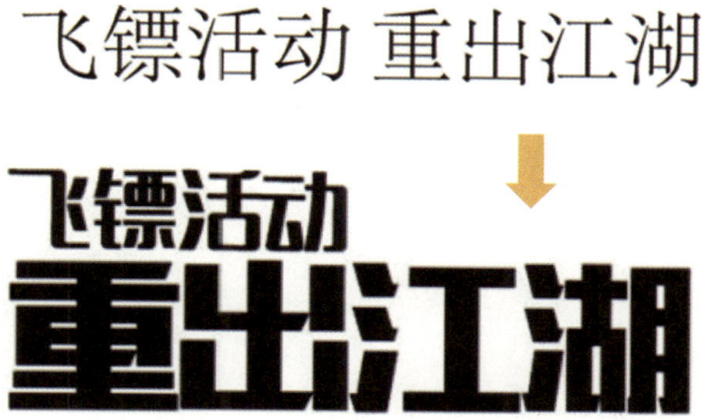

图 4-81　字体排列

（4）把“江”“湖”偏旁局部拉长，底部加上装饰，制造动作快而产生幻影的感觉，增加力量感；“月”字内的两横做倾斜处理，以此突出“江湖”这两个字。效果如图 4-82 所示。

图 4-82　笔画延长及倾斜

（5）考虑到最后要在红色底上呈现，字体主色调选取了淡黄色，同时为了让字体增加动感，整体进行倾斜 15 度处理。如图 4-83 所示。

图 4-83　字体配色

（6）将文字拖入 PS 中，给文字加入浮雕和投影，让呆板的文字灵活起来，参数如图 4-84 所示。

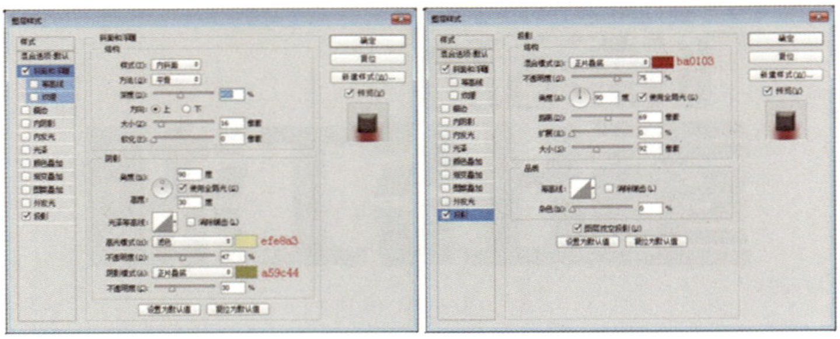

图 4-84　字体浮雕和投影数值

（7）加入飞镖元素，飞镖创意过程如图 4-85 所示，使其更贴合主题；把元素放到合适的位置，如图 4-86 所示；添加投影，模式为正片叠底，并使其倾斜和文字同样角度，参数如图 4-87 所示。

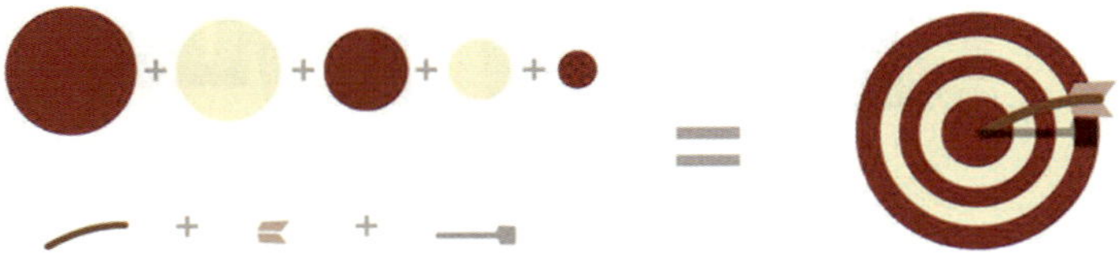

图 4-85　飞镖创意过程

图 4-86　元素添加

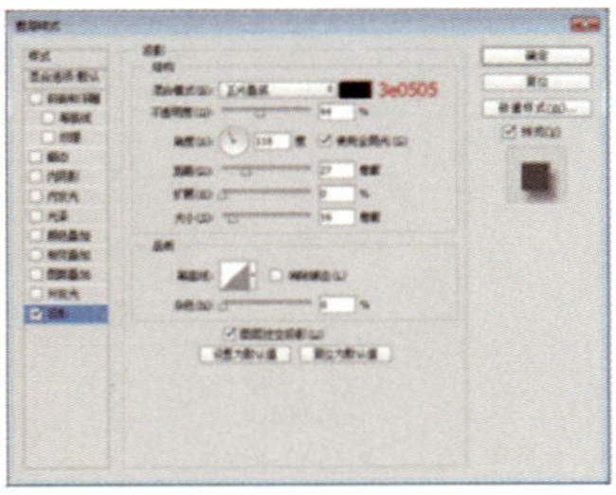

图 4-87　投影参数

（8）用之前做飞镖元素的方法，制作一个如图 4-88 所示的大飞镖并添加投影，参数设置如图 4-89 所示。

图 4-88　大飞镖

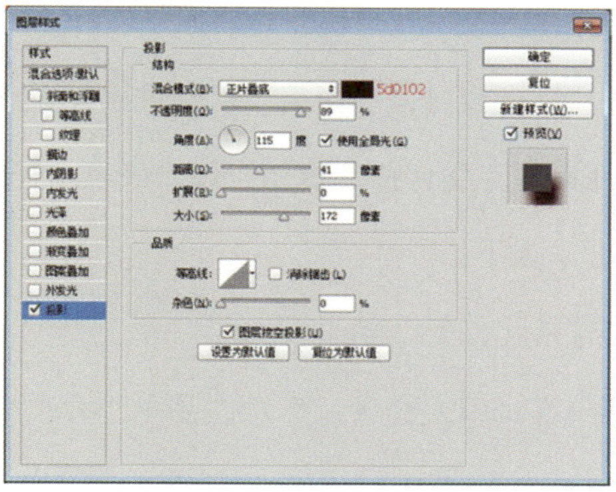

图 4-89　投影数值

（9）输入活动条件，把文字扩展轮廓，让字体在椭圆长条中镂空，如图 4-90 所示。

图 4-90　添加活动条件

（10）最后输入游戏规则和奖项，并添加 Logo，便大功告成，效果如图 4-91 所示。

图 4-91　最终效果图

| 案例 2 | “探茶”元旦优惠套餐招贴设计

设计背景：每逢节日，“探茶”都会推出相关优惠活动吸引顾客组团消费，此类招贴属于室内招贴，张贴在点餐台前，提示点餐者优惠内容，故尺寸可以不用过大，优惠内容醒目即可。主要设计要求如下：

标题：我与元旦有个约会。

套餐优惠内容：单人套餐：任意饮品 + 小食可以立减 2 元；双人套餐：任意两杯饮品 + 两份小食可以立减 5 元。

主图要出现饮品，如玉米可可、奶茶；要出现小食，如提拉米苏、绿茶芒果芝士等，从提供的素材中选择，素材图如图 4–92 所示。

图 4–92　产品素材

思路：为增加主图搭配层次，决定选用两块侧角度类似的蛋糕做错位叠放，构成一张完整的素材图。主色调为配合饮料和蛋糕素材图的淡色系决定选用淡绿色系，营造浪漫清新的香草气味氛围。

（1）确认主题文字，选用合适风格的基础字形，如图 4–93 所示，在此基础上进行修改可以达到事半功倍的效果。

图 4–93　基础字形

（2）单调的横排版非常死板，所以我们处理招贴标题时一般都要根据招贴横尺寸对标题进行字体错位或者对大小的穿插做一定变化，如图 4–94 所示。当然，前提是要保证阅读顺序不能让读者产生认知障碍。

（3）基本位置排好以后需要为字体加上自己的性格，变成这张海报的专属字体。为了增加字体的辨识度，将所有字体的钩和撇的笔画都变成圆弧尖钩状；“我”和“与”字、“元”和“旦”字都分别进行了连笔处理，让标题更紧凑；“约”字笔画做了飘花处理，增加灵动飘逸的美感。至此，字形基本打造完成，为避免单调，再加上一行英文。效果如图 4–95 所示。

图 4–94　错位排列

图 4–95　打造专属字体

（4）新建 1 260 像素 ×709 像素的文件，分辨率 200 像素，拉白色到淡蓝色渐变，拖入手绘的糕点饮料矢量素材作为背景花纹，如图 4–96 所示。新建图层，把花纹设置为自定义图案之后，对背景填充图案，混合模式选择正片叠底。

（5）调整色相饱和度，降低图案图层的透明度。如图 4–97、图 4–98 所示。

图 4–96　渐变及矢量素材

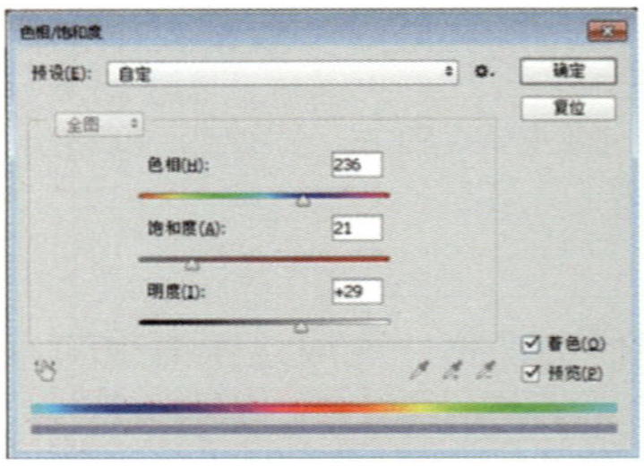

图 4-97 调整饱和度

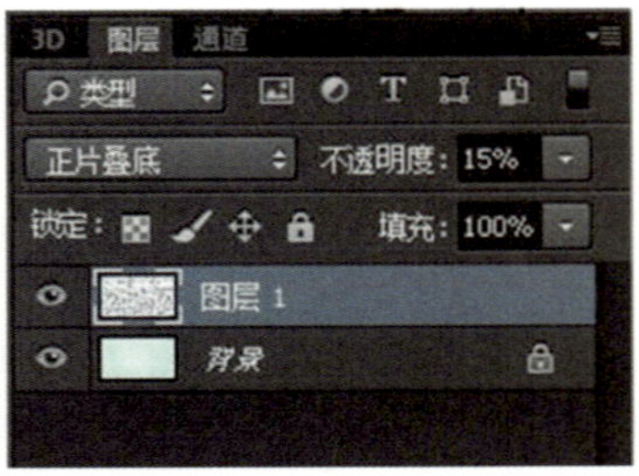

图 4-98 降低透明度

（6）拖入素材，对其进行位置排列，添加投影关系，使其更有层次感，效果如图 4-99 所示。

图 4-99 素材添加

（7）将制作好的字体添加到版面程序，添加渐变和投影，设置参数如图 4-100、图 4-101 所示，调整效果如图 4-102 所示。

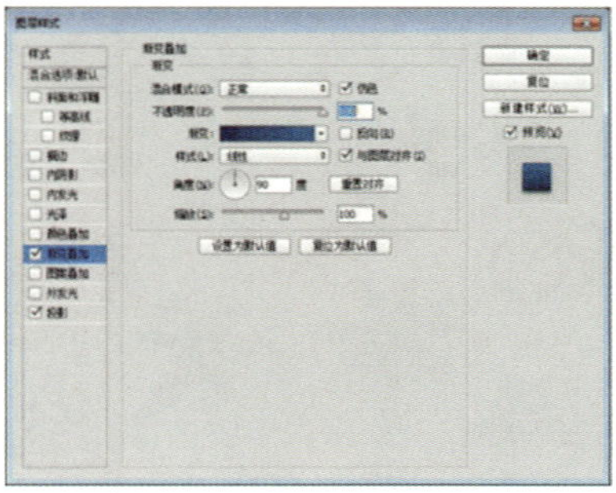

图 4-100 渐变叠加

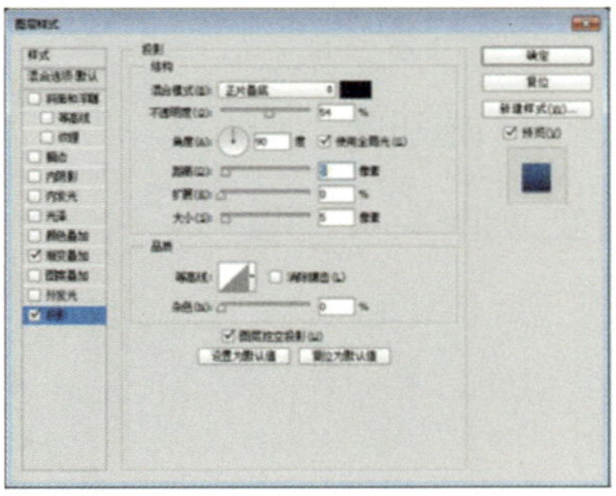

图 4-101 投影数值

图 4-102　调整效果

（8）添加文案和 Logo 效果，优惠内容用装饰圆形的方式做文本框效果，增加排版趣味性。最终效果如图 4-103 所示。

图 4-103　最终效果图

二、报纸、杂志广告设计

（一）报纸广告

报纸广告以文字和图画为主，不像其他广告媒介，如电视广告等，视觉刺激受到时间的限制，而且报纸可以反复阅读，便于保存，如图 4-104 所示。但由于报纸材质及印制工艺上的原因，报

图 4-104　校园报纸

纸广告中的商品外观形象和款式、色彩不能理想地反映出来。

一般报纸分对开和 4 开，各报社根据信息量可自定每天印行的版面。在特殊情况下可出专刊、特刊或号外版。

广告在报纸版面中没有一定的刊登范围，一般安排在新闻报道及其他内容的下方。国内报纸广告版面现多采用全版、1/3 版、1/4 版等规格。

设计报纸广告要注意以下几点：

1. 明确广告对象

（1）明确广告对象的有关基本情况；

（2）广告内容具有与广告对象相适应的倾向性，如爱好、兴趣、年龄、性别、身份和所处的社会阶层等。

2. 标题醒目

将所宣传的商品的主要优点和特征放入标题中，如安全、时尚、健康、省时等。

3. 内容详细

报纸广告的优势之一就是能够详尽地说明广告产品或服务的优势、特点，如图 4-105 所示。

图 4-105　报纸广告

4. 版面简洁

简洁易懂是报纸广告版面的第一考虑要素。构图布局要疏密有致，不要使图片和文字在版面上太拥挤。

5. 连续刊登效果较为明显

广告内容要有所变化，增加读者的新鲜感。

（二）杂志广告

杂志广告即刊登在杂志上的广告。杂志可分为专业性杂志、行业性杂志、消费者杂志等。杂志广告材质较好，因此表现力较强，这是报纸广告难以比拟的，其优点是可以用较多的篇幅来传递关于商品的详尽信息。

杂志广告的设计要点有以下几个方面：

1. 构思 “气氛”

思考排版“气氛”是所有步骤里的核心问题，要根据题目与主题构思 “气氛”。

2. 图文并茂

（1）杂志应具有印刷精美、发行周期长、可反复阅读、时尚美观、易记忆、品位较高等特点。

（2）使用质感细腻的照片，色彩鲜明逼真的商品形象容易引人注目，激发目标受众的购买欲望。

3. 合理利用版面位置，设计形式多样化

（1）位置与尺寸大小是杂志版面的两个要素。

（2）杂志中最引人注意的位置是封面、封底，如图 4-106、图 4-107 所示。

图 4-106　杂志封面

图 4-107　杂志封底

4. 使用对比，突出广告效果

广告创作中，运用色彩的对比、构图的对比、大小的对比等都可达到突出广告的效果。

5. 情景配合

同类广告最好集中在一个版面内以确保单个广告的效果。

6. 说明性文字应用艺术化的形象语言

杂志有充足的版面，可以照顾到广告信息内部的完备性，应用艺术化的语言形象地说明产品的特点。

| 案例 | FLARE 时尚杂志封面设计

背景介绍：FLARE 时尚杂志封面设计要求清爽简洁，复杂中带有空间感且突出重点，给人一种舒适感。符合杂志封面设计要求之余，不缺少美感以引起客户购买欲望。

运用软件：PS。

设计要求：

杂志尺寸：A4 纸（21 厘米 ×29.7 厘米），分辨率为 300 像素。

杂志上除了模特图外必须体现清爽浪漫简约风格，例如花瓣、糖果色等均可。

主标题：FLARE。

素材图如图 4-108、图 4-109、图 4-110、图 4-111 所示。

图 4-108　树叶素材

图 4-109　模特素材

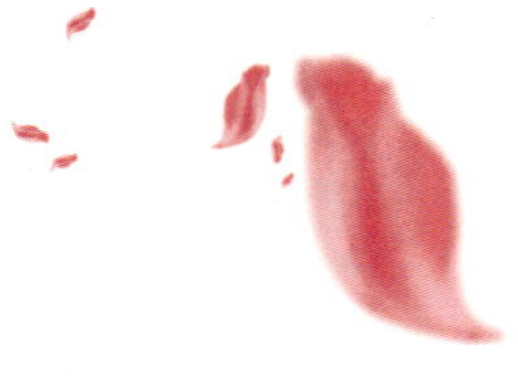

图 4-110　花瓣素材

图 4-111　条形码素材

（1）新建文件：210 毫米 ×285 毫米；分辨率：300 像素。

（2）新建图层填充前景色 # e0f4f6，不透明度为 80%。

（3）插入图 4–108，按“Ctrl+T”调整角度，选中图 4–108 图层，按“Ctrl+J”复制一个图层，即图 4–108 副本，按“Ctrl+T”调整角度。如图 4–112 所示。

（4）同时选中图 4–108 与图 4–108 副本图层，按“Ctrl+G”图层编组，如图 4–113 所示。

图 4–112　制作背景

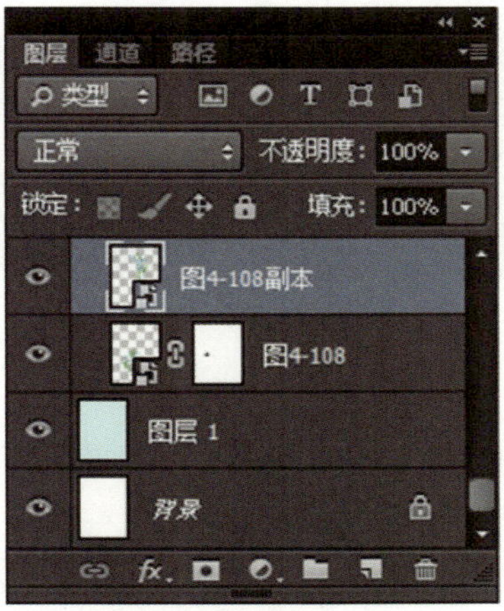

图 4–113　图层编组

（5）创建新的曲线图层，微调，如图 4–114 所示。

（6）创建新的色阶图层，参数分别为 50、1.5、225，如图 4–115 所示。

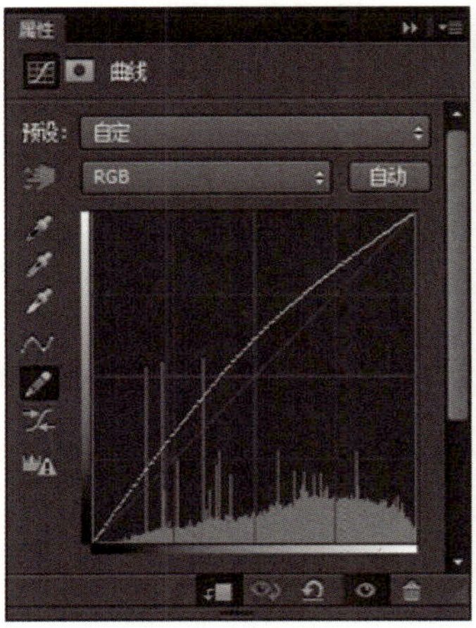

图 4–114　调整曲线

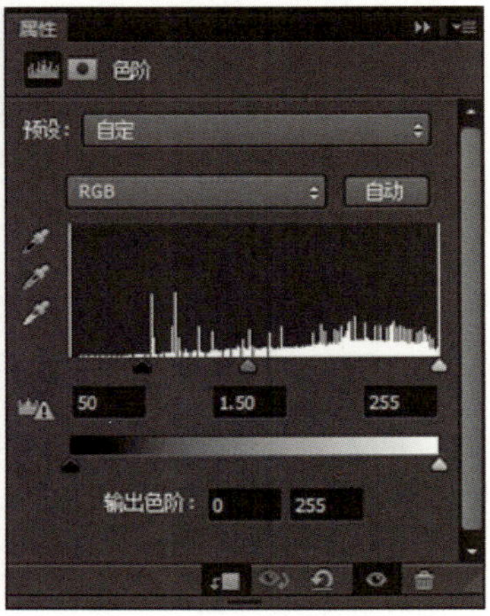

图 4–115　设置色阶

（7）创建新的色彩平衡图层，参数分别为中间调：−50、+5、+15，阴影：0、0、−5，高光：0、+5、+5，分别如图 4−116、图 4−117、图 4−118 所示。

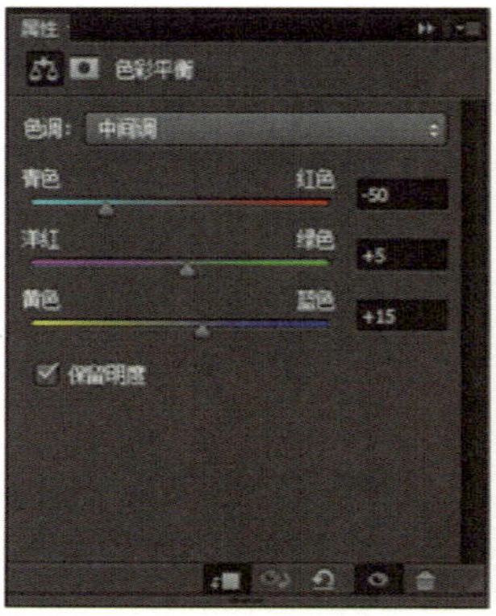

图 4−116　设置中间调

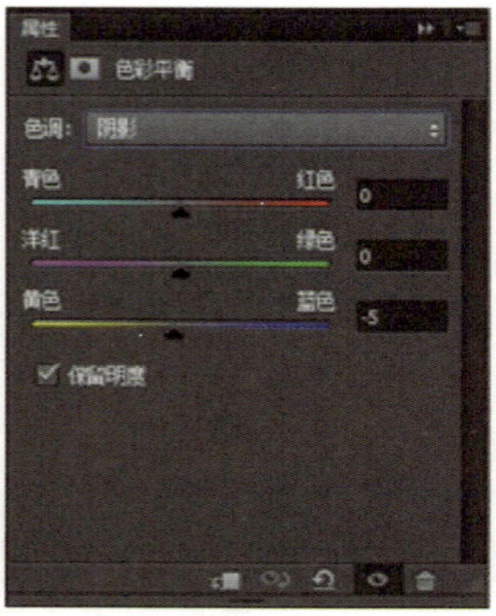

图 4−117　设置阴影

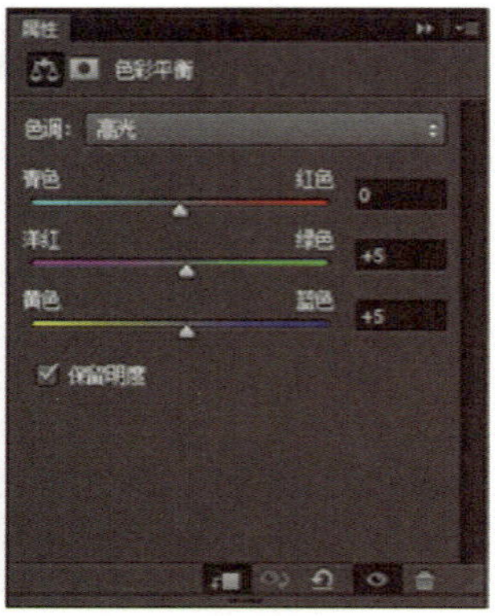

图 4−118　设置高光

（8）图层设置如图 4−119 所示，效果如图 4−120 所示。

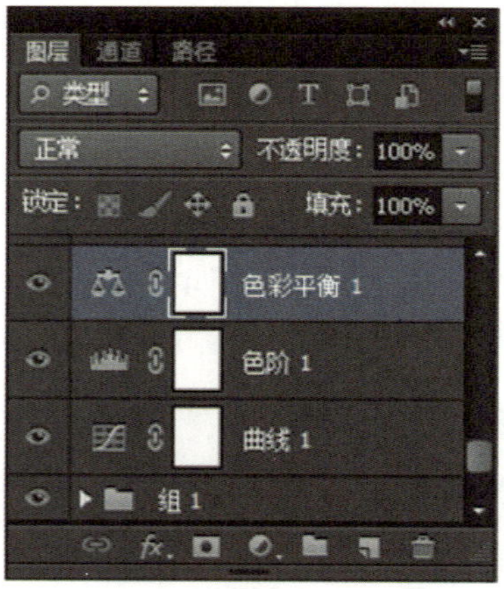

图 4−119　图层设置

图 4−120　完成背景

（9）用钢笔工具与通道把图 4−109 中的人物图抠出来（鞋子的阴影要预留）。

（10）矢量方式插入图 4−109 人物图，添加滤镜，选择锐化工具下的智能锐化，设置半径为 0，效果如图 4−121 所示。

（11）添加图层样式，添加投影，设置不透明度 20%，角度 12 度，距离 9 像素，扩展 0，大小 20 像素，如图 4−122 所示。

（12）添加外发光，设置不透明度 50%， 大小 24 像素，如图 4-123 所示。

图 4-121 模特

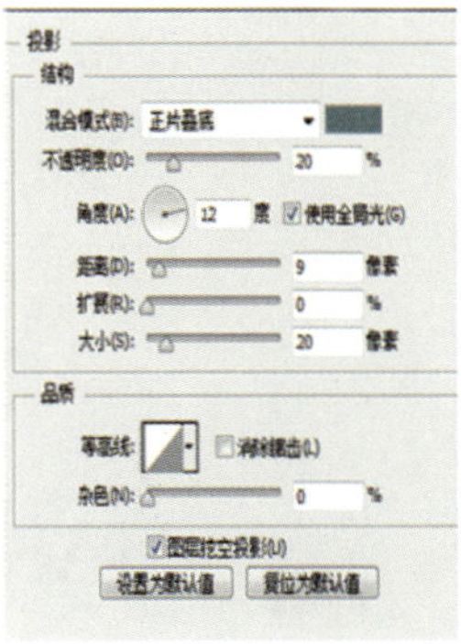

图 4-122 设置投影

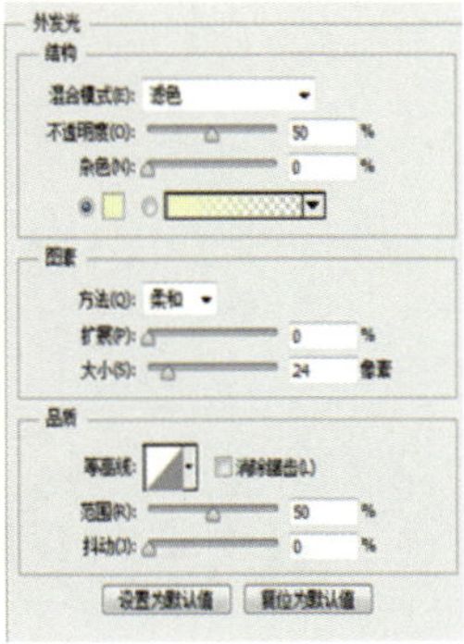

图 4-123 设置外发光

（13）在右下角插入图 4-111 条形码，在条形码下方加一个白色底长方形，如图 4-124 所示。

（14）人物图层下面添加文字“FLARE”，字体颜色为 27c5cc，字体使用造字工房尚雅体演示版；将人物新建模版，把英文字母“A”遮住的一部分用钢笔工具抠出来，按“Ctrl+Enter”在人物图层上添加蒙版，蒙版上用黑色填充，效果如图 4-125 所示。

图 4-124 插入条形码

图 4-125 标题文字处理效果

（15）插入文字，字体为造字工房尚雅体演示版、方正兰亭超细黑简体、方正兰亭，字体颜色填充：粉色 ff9db9，灰色 606868，深碧绿色 02878。如图 4-126 所示。

（16）把如图 4-110 所示的花瓣分别调整到画面中，如图 4-127 所示。

图 4-126　插入小文字

图 4-127　插入花瓣

（17）新建图层，填充黑色，添加滤镜，选择渲染，镜头模糊，参数自由，调整到感觉满意为止。

（18）创建新色彩平衡图层，参数分别为中间调：-5、-10、+10，高光：-5、-2、-5。

（19）创建新的色阶图层，参数分别为 10、1.1、250。最终效果如图 4-128 所示。

图 4-128　最终效果图

三、包装设计

（一）包装设计的主要内容

包装设计是以保护商品、传达商品信息、方便使用、方便运输、促进销售、提高产品附加价值等为目的，将科学的、社会的、艺术的、心理的诸要素综合起来的专业设计学科。其内容主要有造型设计、结构设计、装潢设计等。

1. 包装造型设计

包装造型设计又称为形体设计．是运用美学原则，通过形态、色彩等多方面的变化，将具有包装功能和外观美的包装容器造型以视觉形式表现出来。包装容器必须能可靠地保护产品和有优美的外观，还需具有相适应的经济性等，如图 4–129 所示。

外卖包装盒

果汁瓶子

月饼盒包装

图 4–129　包装造型

2. 包装结构设计

包装结构设计是从包装的保护性、方便性、使用性、复用性等基本功能和生产实际条件出发，依据科学原理对包装的外部和内部结构进行多方面考虑而进行的设计。一个优秀的结构设计．首先要求保护商品，其次应考虑使用、携带、陈列、装运等的方便性，最后要考虑重复利用、显示内装物等功能。如图 4–130 所示。

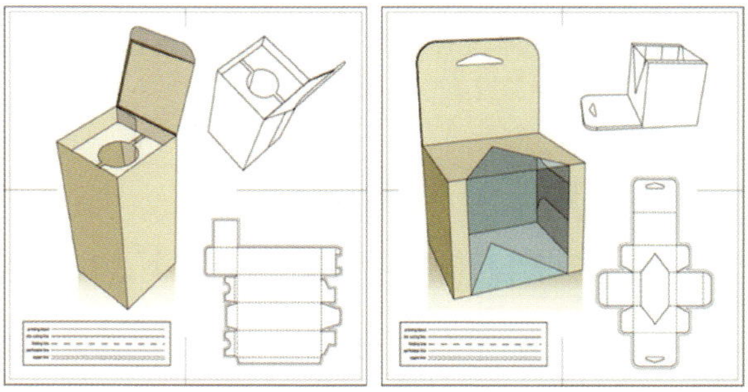

图 4–130　包装结构

3. 包装装潢设计

包装装潢设计是以图案、文字、色彩、浮雕等艺术形式，突出产品的特色和形象，力求造型精巧、图案新颖、颜色搭配、文字突出，装饰和美化产品，促进产品的销售。包装装潢是一门综合性科学，是艺术与科技专业原理的结合。如图 4–131 所示。

图 4–131　酒包装

一个优秀的包装设计，要求包装造型设计、结构设计、装潢设计三者有机统一，只有这样，才能充分地发挥包装设计的作用。

（二）包装设计的视觉传达特征

包装的设计表达语言与其他平面设计相比，具有一定的差异性。包装是一种视觉传达设计，概括起来主要体现在以下几个方面：直接性、寓意性、竞争性。

1. 直接性

它指包装设计在具体的市场环境下，直接通过观众的视觉进行信息传达。

包装作为一种商品的外在附加物，其传达的内容主要是让消费者正确而高效快速地了解产品。在市场商品高度集中的条件下，由于时间与空间上的原因，包装设计不可能也不必传达更多的东西。包装设计更多的是通过自身的色彩、造型等直接性的视觉语言，以及货架陈列的方式直接地吸引与打动消费者。

2. 寓意性

它指包装设计主要通过包装（包括容器）视觉上的一些要素，给消费者联想，引导他们对包装内产品性质的理解，激发消费者对产品价值（包括附加价值）的认识以及特定的文化上的亲近感，最终使消费者产生购买产品的欲望和对企业形象的认识与认同。如图 4–132 所示。

图 4–132　美容产品瓶子设计

包装设计的寓意性源于多方面，有的是产品本身的性质给消费者带来的心理或生理感受，有的是设计要素（造型或色彩）给予人们的联想，有的是地区性历史民俗留下来的传统，等等。

现代哲学家与心理学家认为，人对外部客观事物的认识与理解总是与自身通过实践形成的主观心理互动地进行的。包装上视觉要素具有的寓意性，是主观与客观两方面要素共同作用的结果。

3. 竞争性

它指包装设计必须从市场的具体环境出发，始终将设计的定位放在与对手竞争的基础上。包装设计者必须研究对手的特点，使自己在色彩、造型等各种视觉要素上超过对手，在市场上压倒对手。

包装设计的竞争性主要体现在直接的视觉表现语言上，如视觉要素的强度与辨识度，视觉形象的记忆度等。这种设计上的竞争性一方面体现在与对手的各项视觉要素的比较上，另一方面要根据具体情况具体处理，设定适当的竞争手段。

视觉要素的强度是指包装上的色彩、造型等要素在一定的竞争环境中具有的竞争力，如在色彩的纯度、明度、对比度等方面如何突出包装自身，使之强于对手。但也要强调的是，有时色彩强度低的设计也可以产生奇特的效果。视觉要素的辨识度是指包装上的各种要素（信息）在一定空间距离上的识别程度，如有的要素需要让消费者在一定距离清晰地辨识，有的则可以让消费者拿在手里近看，如图 4–133 所示。

图 4–133　刷子、鸡蛋盒包装广告

| 案例 1 | 桃花醉桃花酒盒包装平面图

背景介绍：中国风式包装盒设计美观、韵味绵延、大方醒目。运用中国元素设计，具有中国风之余还要有保护产品的特别设计。

运用软件：CDR、PS。

设计要求：

尺寸：A3 纸（42 厘米 ×29.7 厘米）。

图上除了产品外必须体现中国情怀，例如花瓣、桃花等均可。

主标题“桃花醉”以主体字设计。

素材图如图 4–134、图 4–135、图 4–136 所示。

图 4–134　正面素材

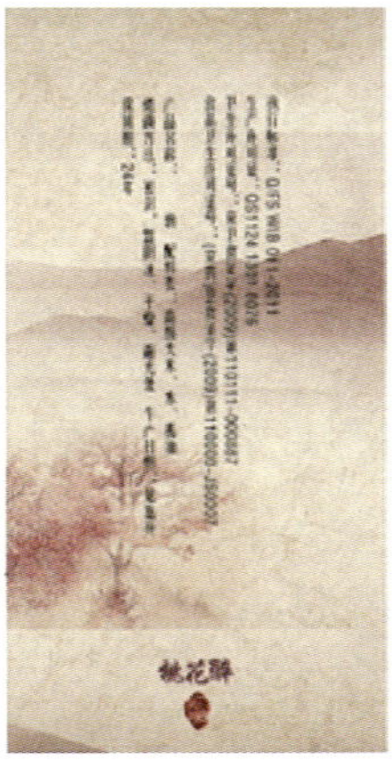

图 4–135　侧面素材

图 4–136　顶面素材

（1）打开 CorelDRAW X7，新建文件，使用矩形工具，画矩形拼出包装盒基础外观，如图 4–137 所示。

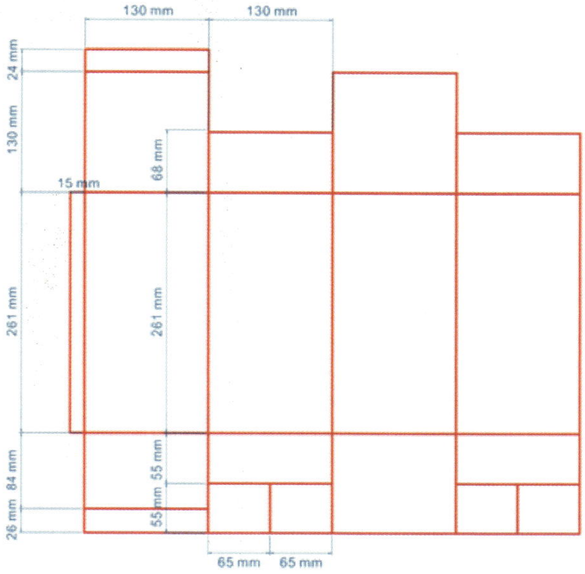

图 4–137　画基础外观

（2）使用选择工具，选中最上方的矩形，为其设置圆角，在属性面板里输入 5mm，中间的锁不要锁，如图 4–138 所示。

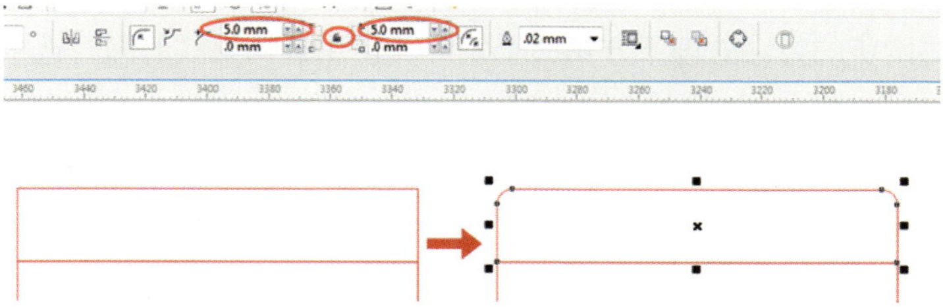

图 4–138　设置圆角

（3）转曲最上方的矩形，在离左下角节点上方 1.5mm 处增加一个节点，用形状工具选择左下角节点，向中心移动 1.5mm，制作出倒直角，如图 4–139 所示。右边操作一样。

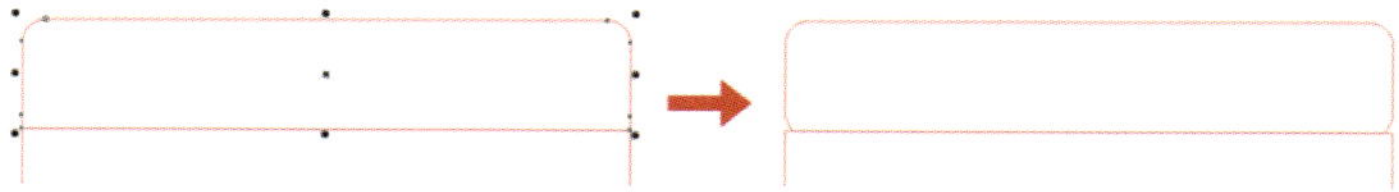

图 4–139　制作倒直角

（4）转曲上方第二个矩形，宽度缩小 3mm，在离左下角节点上方 1.5mm 处增加一个节点，用形状工具选择左下角节点，向外移动 1.5mm，如图 4–140 所示。右边操作一样。

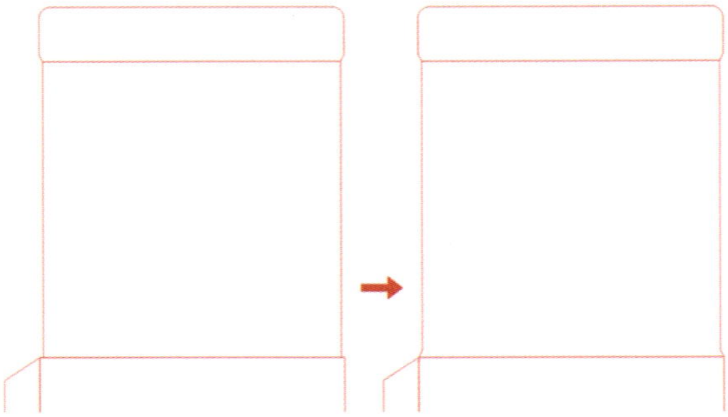

图 4–140　调整矩形

（5）使用选择工具选中最下方的矩形，设置圆角，在属性面板里输入 15mm，锁定中间的锁，如图 4–141 所示。

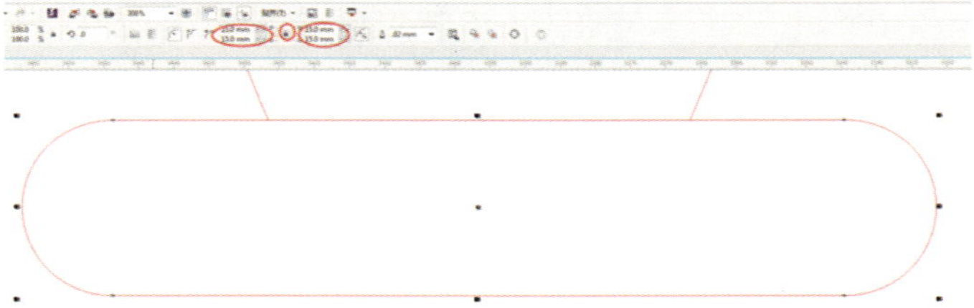

图 4–141　设置圆角

（6）参照第四步的方法处理下方第二个矩形，使用选择工具的同时选中最下方两个处理好的图形，然后在属性窗口上按合并，如图 4–142 所示。

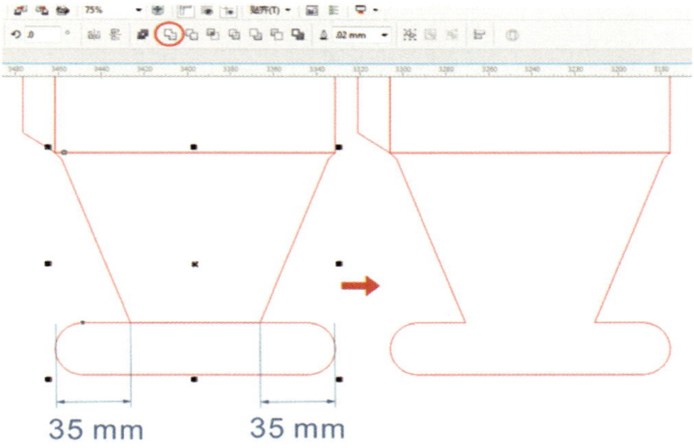

图 4–142　合并图形

（7）参照以上方法，继续作图。移动节点，合并、修剪图形，得到包装盒平面图案，如图 4-143 所示。

（8）最后在相应位置插入素材图，得到最终平面效果图，如图 4-144 所示。

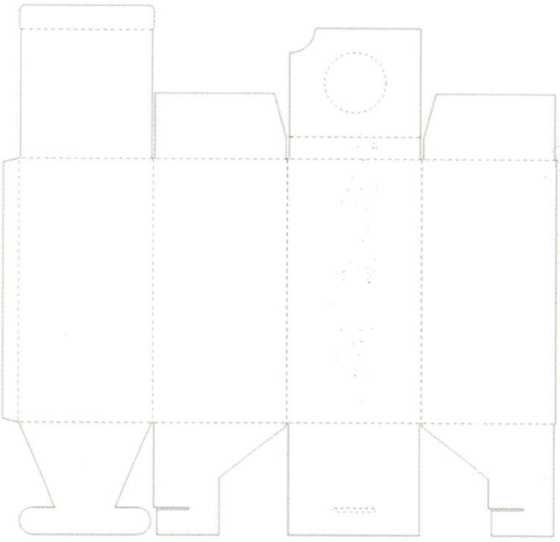

图 4-143 画出平面图

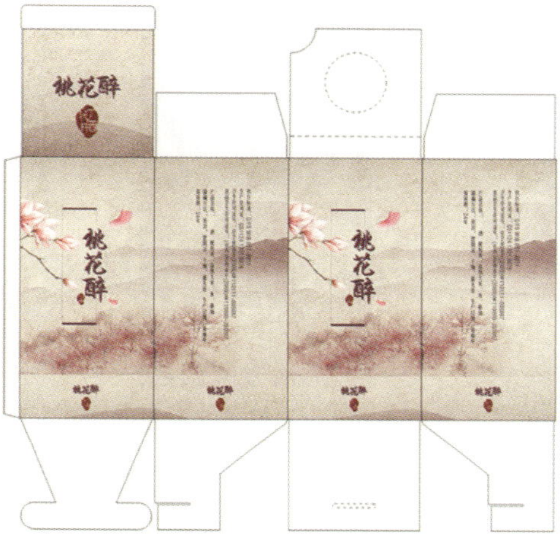

图 4-144 最终平面效果图

| 案例 2 | 包装盒效果图教程

（1）打开 PS CC，新建文件，大小 1 800 像素 ×1 800 像素，分辨率 150 像素。从基本功能切换到 3D 操作界面，如图 4-145 所示。

图 4-145 切换 3D 界面

（2）新建空白图层并命名为盒子。在 3D 属性窗口里选择选中的图层，从预设创建网格中选立方体，最后按创建，如图 4-146 所示。

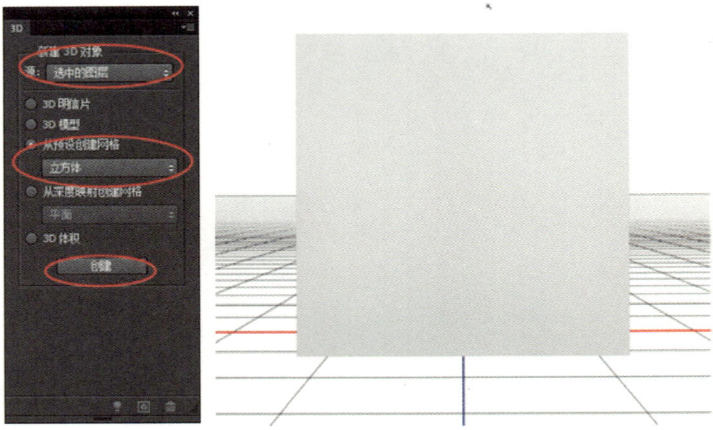

图 4-146　制作立方体

（3）在 3D 属性窗口选中立方体，然后在属性窗口输入包装盒尺寸，包装盒大小是 130 毫米 ×261 毫米 ×130 毫米，这里要输入百分比代替，分别输入 X 轴 390%、Y 轴 783%、Z 轴 390%，如图 4-147 所示。

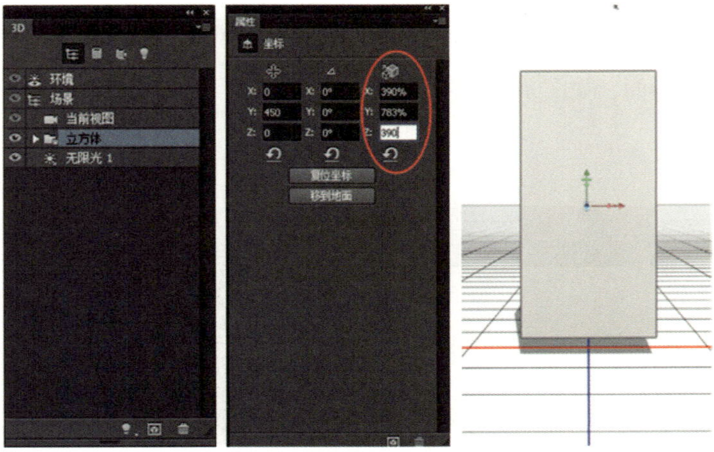

图 4-147　设置盒子大小

（4）使用选择工具在 3D 属性窗口选中当前视图，鼠标点到图中选项栏箭头所指环游摄像机按键，调整画板方向观察图形，如图 4–148 所示。

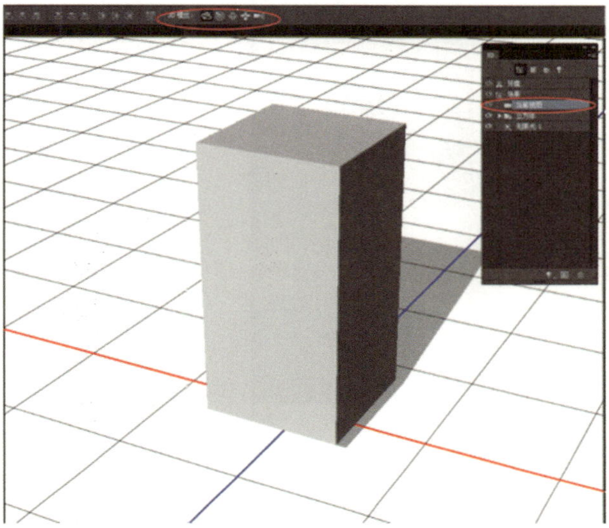

图 4–148　调整画板方向

（5）展开立方体组根目录，按住 Ctrl 把各个面的材质都选上，点材质球，这里有好多球，选择无纹理那个球。然后分别对每个面添加贴图，点载入纹理，选择相应素材（见图 4–134、图 4–135、图 4–136）。如图 4–149 所示。

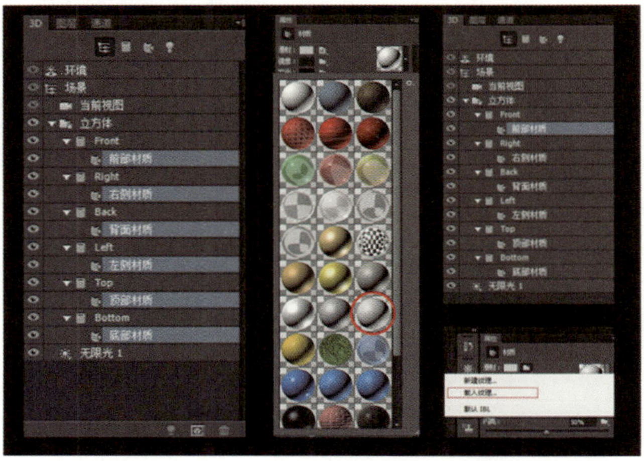

图 4–149　设置材质

（6）载入纹理完成后，包装盒就展现在我们面前了，如图 4–150 所示。

（7）调整视角角度和打光，在3D属性窗口选中无限光1，调到自己满意的效果，如图4-151所示。

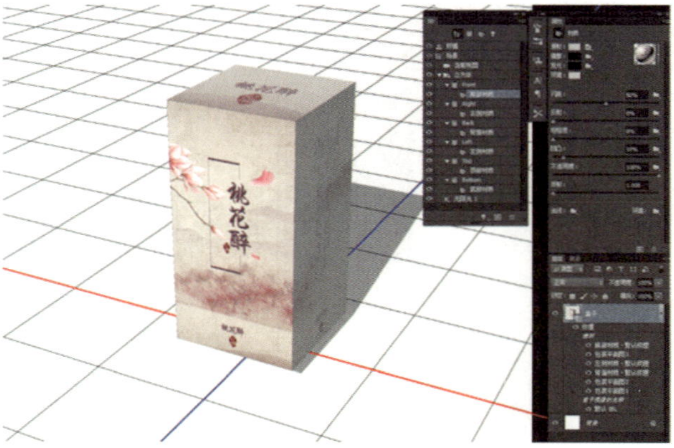

图 4-150　载入纹理

图 4-151　打光

（8）最后添加背景，调整盒子的角度，得到最终效果图，如图4-152所示。

图 4-152　最终效果图

四、网络广告设计

（一）网络广告

网络广告就是在网络平台上投放的广告（如图 4–153 所示），是利用网站上的广告横幅、文本链接、多媒体等方法，在互联网刊登或发布广告，通过网络传递到互联网用户的一种高科技广告运作方式。

图 4–153　网络广告

网络广告的具体表现形式，并不仅仅限于放置在网页上的各种规格的横幅（Banner）广告，电子邮件广告、搜索引擎关键词广告、搜索固定排名等都可理解为网络广告的表现形式。

无论以什么形式出现，网络广告所具有的本质特征是相同的：它是向互联网用户传递营销信息的一种手段，是对用户注意力资源的合理利用。

（二）网络广告的形式

1. 网幅广告

网幅广告包含 Banner、图标（Eutton）、通栏、竖边、巨幅等，如图 4–154 所示。网幅广告是以 GIF、JPG、Flash 等格式建立的图像文件，定位在网页中，大多用来表现广告内容。

图 4-154　网幅广告

2. 文本链接广告

文本链接广告以一排文字作为一个广告，点击可以进入相应的广告页面。

3. 电子邮件广告

电子邮件广告具有针对性强、费用低廉的特点，且广告内容不受限制。

4. 赞助式广告

赞助式广告多种多样，比传统的网络广告给予广告主的选择更多。

5. 与内容相结合的广告

广告与内容的结合可以说是赞助式广告的一种，从表面上看，它们更像网页上的内容而并非广告。

6. 插播式广告（弹出式广告）

在访客请求登录网页时强制插入一个广告页面或弹出广告窗口，如图 4-155 所示。

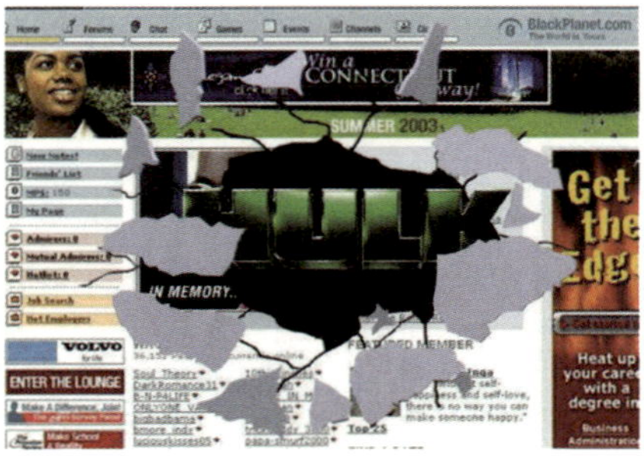

图 4-155　弹出式广告

7. 富媒体广告（Rich Media）

一般指使用浏览器插件或其他脚本语言、Java 语言等编写的具有复杂视觉效果和交互功能的网络广告。

8.EDM 直投

通过 EDMSOFT、EDMSYS 向目标客户定向投放对方感兴趣或者需要的广告及促销内容，以及派发礼品、调查问卷，并及时获得目标客户的反馈信息。

9. 定向广告

可按照人口统计特征，针对指定年龄、性别、浏览习惯等的受众投放广告，为客户找到精确的受众群，如图 4−156 所示。

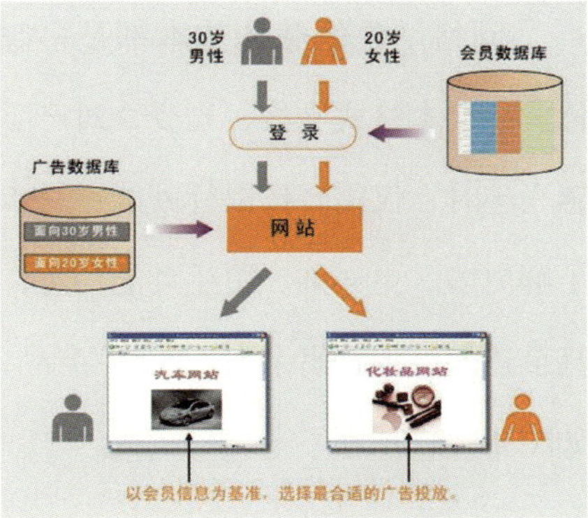

图 4−156　定向广告

10. 其他新型广告

视频广告、路演广告、巨幅连播广告、喷绘机翻页广告、祝贺广告等。

（三）网络广告的特点

1. 传播范围广

网络广告的传播范围广，不受时空的限制，可以通过互联网把广告信息全天候、不间断地传播到世界各地。

2. 非强迫性传送资讯

网络广告属于按需广告，具有报纸分类广告的性质，却不需要受众彻底浏览，可供其自由查询，并根据潜在顾客的需要主动呈现和展示，提高了广告的针对性和有效性。

3. 受众数量可准确统计

在互联网上，可以通过权威、公正的访客流量统计系统，精确地统计每个广告的浏览人数以及这些用户的查阅时间和地域分布。

4. 灵活的时效性

在互联网上做广告能按需要及时更改广告内容，当然也包括修正错误。

5. 强烈的交互性和感官性

网络广告的载体基本都是多媒体、超文本格式文件，当受众对产品感兴趣时，仅需轻按鼠标就能进一步了解更多、更详细、更生动的信息，甚至还能让消费者亲自“体验”产品，如图 4–157 所示。

图 4–157　音乐网

6. 价格低廉

网络广告无须印刷，总价格较其他形式的广告便宜。

| 案例 | 空气净化器网幅广告设计

背景介绍：空气净化器的主要功能是净化空气。为了突出产品的功能与公司主旨——给顾客大自然般清新的空气，网幅广告采用了联想手法，把家里的空气净化器与大自然结合，广告词“谕见梦想”突出顾客心中想法：遇见这款空气净化器就是遇到了理想的空气净化器。整个页面清新、舒适、温暖，不但让人感觉舒适还突出卖点，同时给人无限的想象空间。

运用软件：PS。

设计要求：

网幅尺寸：宽 1 920 像素，高 753 像素，分辨率为 72 像素。

网幅上除了产品图外，必须体现大气高档风格，例如山、水、森林等均可。

主标题：谕见梦想　悦呼吸　越清新　抗霾除醛。

素材图如图 4–158 至图 4–163 所示。

图 4-158　山水素材

图 4-159　树素材

图 4-160　净化器

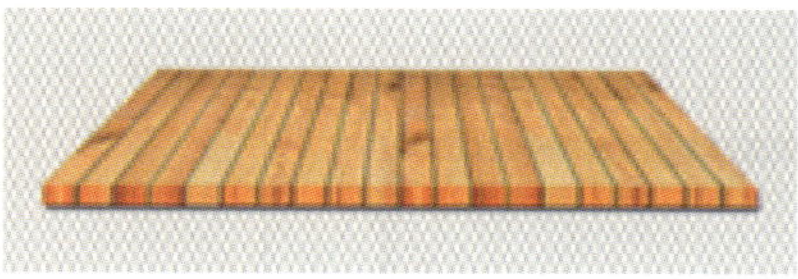

图 4-161　地板

图 4-162　光源

图 4-163　水墨

（1）打开 PS 新建一个宽 1 920 像素、高 753 像素、分辨率为 72 像素的文件。

（2）制作背景：在背景层填充浅蓝色（R：211，G：237，B：251），矢量方式插入山水素材，自由变换（快捷键“Ctrl+T”）调整大小。如图 4-164 所示。

图 4-164　制作背景

（3）创建一个曲线图层，参数为输入 106，输出 136。插入光源（见图 4-162），自由变换，使光源占满画面，如图 4-165 所示。图层混合模式更改为柔光，如图 4-166 所示。

图 4-165　设置曲线，插入光源

图 4-166　图层混合模式改为柔光

（4）矢量方式插入地板（见图 4-161），自由变换调整大小，移动到对齐底部，如图 4-167 所示。

图 4-167　插入地板

（5）新图层重命名为阴影层，在地板两边用画笔工具（B）画阴影，用橡皮工具（E）修改，如图 4-168 所示。图层混合更改为正片叠底，不透明度为 30%，如图 4-169 所示。

图 4-168　地板加阴影

图 4-169　图层混合模式改为正片叠底

（6）插入如图 4−159 所示的树，自由变换调整大小，位置如图 4−170 所示。

图 4−170　插入树木

（7）创建一个色彩平衡图层，参数为红 15，绿 15，蓝 7。选中除背景层的所有图层做图层编组（快捷键“Ctrl+G”），命名为背景。如图 4−171 所示。

图 4−171　设置色彩平衡

（8）添加产品：矢量方式插入产品素材（见图 4−160），自由变换调整大小，移到右下角位置。新建一个图层，添加一个阴影。插入光源（见图 4−162），图层改名为大光源，移到产品的上方，不透明度为 40%。如图 4−172 所示。

图 4−172　插入净化器、光源

（9）选中大光源图层，图层混合更改为线性减淡，按住 Alt 键点击一下大光源图层创建剪贴蒙版。如图 4−173 所示。

图 4-173　图层混合模式改为线性减淡

（10）添加标题：选中文字工具，输入文字“谕见梦想”，字体用禹卫书法行书简体，字号为 160，颜色为 R：125，G：40，B：61。栅格化文字，用钢笔工具与橡皮工具修改文字，使文字更有艺术感。如图 4-174 所示。

图 4-174　添加标题

（11）选中文字工具，输入文字“悦呼吸 越清新 抗霾除醛”，字体用方正兰亭细黑，字号为 31，颜色为 R：125，G：40，B：61；再用文字工具，输入英文“The more breath, the more fresh, anti haze, in addition to aldehyde”，字体用方正兰亭细黑，字号为 7，颜色为 R：125，G：40，B：61。如图 4-175 所示。

图 4-175　添加文字

（12）矢量方式插入水墨（见图 4–163），填充颜色为 R：125，G：40，B：61，自由变换调整大小。添加文字“开启精彩履程”，字体用方正兰亭细黑，字号为 24，颜色为白色。如图 4–176 所示。

图 4–176　插入水墨和文字

（13）为文字添加光源，新建图层，填充颜色为 R：85，G：85，B：85，不透明度为 60%，图层混合为柔光，如图 4–177 所示。

图 4–177　插入光源

（14）插入两个小光源，一个大光源，大光源不透明度为 40%，如图 4–178 所示。图层混合改为线性减淡，得到最终效果图，如图 4–179 所示。

图 4–178　插入光源

图 4–179　最终效果图

五、移动端广告设计

所谓移动端广告，是通过移动设备（手机、PSP、平板电脑等）访问移动应用或移动网页时显示的广告宣传形式，也叫 App 广告。其兴起得益于现在大量的手机软件的开发和使用，随着 Wi-Fi、移动数据流量的解放，安卓和苹果系统带来各种全新交互体验，App 受众和 App 开发者大幅度增加，通过 App 内置的各种广告形式应运而生。这类广告形式包括：图片、文字、插播广告、链接、视频、重力感应广告等。

常见的 App 广告有以下几种。

（一）Banner 广告

Banner 广告又叫横幅广告、通栏广告、广告条，是网络广告的主要表现形式，可以使用静态图形，也可用多帧图像拼接为动画图像，多出现在 App 顶部或底部，如图 4-180 所示。这种广告形式展示直观，能快速吸引用户注意，但会对 App 内容的观看和使用造成一定障碍，影响用户体验。

图 4-180　Banner 广告

（二）插屏广告

插屏也是移动广告的一种常见形式，尺寸大，具有强烈的视觉冲击效果，点击率高，是效果最佳的移动广告形式之一，如图 4-181 所示。目前插屏广告被很多移动广告平台当作主流的广告形式，常出现于首页、未点击的功能页。在应用开启、暂停、

图 4-181　插屏广告

退出时以半屏或全屏的形式弹出，展示时机巧妙，不影响用户对应用的正常体验。

（三）启动页广告

所谓启动页广告，就是在 App 首次运行时在加载过程中出现的广告，又称全屏广告（Full Screen Ads），如图 4–182 所示。常见形式有图片、视频、Flash 等，当后台运行之后再次进入就不会出现。此类广告的好处是能利用用户在等待软件加载启动的这段空隙时间达到广告效应，不会造成用户反感和影响用户对软件本身的体验；缺点是展示时间相对有限，在加载过程中 Flash 安装包假如速度缓慢，就更容易使广告效应大打折扣。

图 4–182　启动页广告

（四）信息流广告

信息流广告（Feeds Ads）一般会出现在以 Timeline 信息为主的内容列表里，伴随着信息而出现，用户在浏览信息时会不经意间浏览到广告，如图 4–183 所示。这种广告形式不影响用户的操作行为，但有可能因为内容定位不精准而让用户产生厌恶情绪。

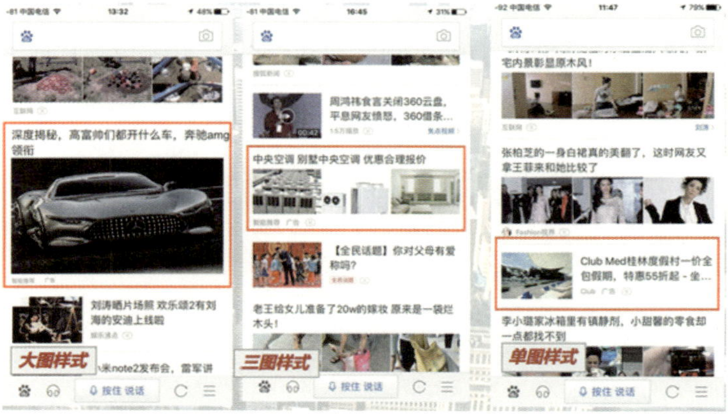

图 4–183　信息流广告

| 案例 | App Banner 广告设计

设计背景：这是一家家具公司端午节促销活动的 Banner 广告设计任务，主要用于某购物平台 App 顶端 Banner 广告位展示，展示时间约为一星期，是短期促销广告，定位为中国风海报。

设计要求：

海报尺寸：1 080 像素 ×568 像素。

海报上除了产品主图外必须体现端午元素，例如粽子、龙舟等均可。

主标题：情浓端午 “棕”享实惠。

活动内容：端午期间定制家具享促销优惠，可联系客服，询问有礼，活动时间 2017 年 5 月 28—5 月 30 日。

网络素材准备：宣纸背景、远山、装满粽子的船、云朵。

（1）按规定尺寸设置好画面大小，将下载的宣纸纹理素材作为整体背景，将远山背景拉进来，如图 4-184 所示。

图 4-184 拉进远山背景

（2）拖入云朵素材，添加图层蒙版，如图 4-185 所示，用画笔工具把飞机涂掉。

图 4-185 添加云朵

（3）复制一个图层，水平翻转，如图 4-186 所示。

图 4-186　云朵处理

（4）翻转之后可以看到很多云雾断层的地方，用图章或蒙版工具把这些过于死板的地方抹掉，再用涂抹工具调整形态，得到如图 4-187 所示的效果。

图 4-187　调整形态

（5）拖入粽子素材，复制一个，拖入家具素材，利用图层蒙版使家具融入粽叶中，添加投影，家具素材和船的素材在融合过程中可以通过钢笔工具的沿船边缘做形状勾画，然后删除多余部分，使其前后关系更清晰，如图 4-188 所示。

图 4-188　素材组合

（6）添加竹叶，用颜色叠加工具调整颜色，并复制一些飘落的竹叶，如图 4-189 所示。

图 4-189　添加竹叶

（7）背景完成后添加文案，为配合中国风海报风格，“端午”采用手写毛笔字体，叠加上粽叶的纹理效果。完成图如图 4-190 所示，实际展示效果如图 4-191 所示。

图 4-190　最终效果图

图 4-191　实际展示效果

| 作业布置 |

1. 以“水云间”为主题设计中国风字形并添加字体装饰及背景。
2. 以“罗马假日”为主题设计欧式字体并添加字体装饰及背景。
3. 以“瑞丽”为主题设计清爽的风格并添加字体装饰及排版背景。
4. 请根据以下设计要求，自行搜集素材，为一家童装店做活动促销海报：

海报尺寸：80 厘米 ×60 厘米

主标题：元旦童装大放价

活动内容：元旦期间童装全场八折，一次购买五件以上还能得到额外折扣和小礼品哦，详情请咨询本店服务员，我们竭诚为您服务

5. 以“可爱糖糖”为主题设计首页海报，设计可爱梦幻的风格并添加字体装饰及排版背景，要求尺寸为 1 920 毫米 ×700 毫米。

6. 请根据以下设计要求，自行搜索素材，为一款 LED 吸顶灯设计包装盒。

包装尺寸：65 厘米 ×54 厘米 ×72 厘米

主标题：欧普 LED 吸顶灯

活动内容：欧普 LED 吸顶灯　为阅读而生

品牌：OPPLE/ 欧普照明

型号：心易 LED 贴片模组

质保年限：2 年

颜色分类：正白光

工作电压：220V

适用对象：室内

功率：其他

发光颜色：白

第5章 广告设计输出方法

| 内容提示 |

广告是一种经济现象，具有一切经济活动所具有的投入产出特征，这是广告的本质特征，是界定什么是广告的出发点。广告设计的输出，是使广告设计面向公众、发挥广告功能的重要环节。随着人们生活空间的扩展以及生活方式的不断发展，地铁、轻轨、超市、药店、医院、商场、机场、灯箱、吊旗、贴纸、广告牌、LED……各种形式的媒体广告无处不在。

| 本章重点与难点 |

1. 广告实物输出技术基本常识
2. 条幅机、刻字机及喷绘机的使用
3. 印刷的概念及构成要素
4. 印刷的分类与工艺

第一节｜广告实物输出技术常识

广告实物输出主要指在城市的交通要道两边、主要建筑物的楼顶和商业区的门前、路边等户外场地设置的发布广告信息的媒介，主要形式包括招贴、海报、路牌、霓虹灯、电子屏幕、灯箱、气球、飞艇、车厢、大型充气模型等。它的主要优点是面积大、色彩鲜艳、主体鲜明、设计新颖，具有形象生动、简单明快等特点，广告形象突出，容易吸引行人的注意力，并且容易记忆。

一、条幅机

（一）条幅机的概念

（1）条幅：一种拉在高处或者张贴在墙上的字幅，能起到广告和宣传的作用，如图 5–1、图 5–2 所示。

图 5–1　室内条幅

图 5–2　室外条幅

（2）条幅机：用于制作各种幅宽不同的条幅的机器，如图 5-3 所示。

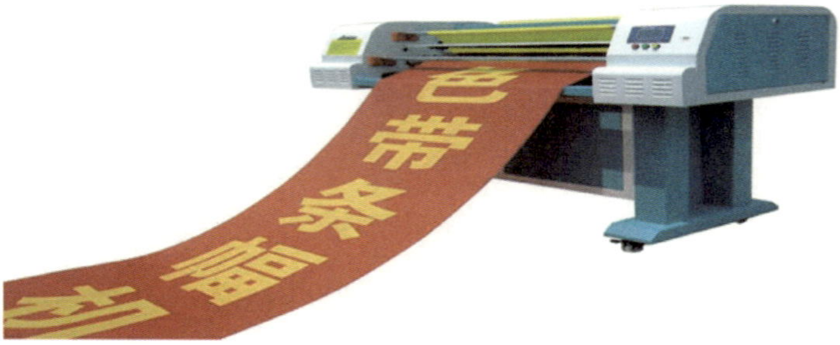

图 5-3 色带条幅机

（二）条幅机的分类

1. 喷墨式条幅机

只要在电脑里排好想要输出的内容，然后通过软件输出就可以了，真正做到全自动，无须专门人员看管。高速机型一个小时可以生产 20 米条幅，成本低，节省了人力资源和时间。机器的价格适中，在 4 000 ～ 5 000 元。

2. 激光条幅机

激光条幅机就是用激光来快速印刷条幅的设备， 无须喷头和墨水，只需要色带和条幅布就可完成条幅的制作。此设备价格比较昂贵，适合一些需要制作大中型条幅的客户。

（三）激光条幅机的基本操作知识

1. 电脑排版

（1）建页面。

长度：设条幅实际长度。

高度：打印头长度（视条幅布的宽度而定，有 768mm、500mm 等规格）。

（2）排版（横竖幅）不要超过色带高度。

2. 打印中的操作

（1）点击打印后出现“打印”对话框，打印位置默认置于中心，每次打印前都要设置好相应的功率和速度。

（2）属性选项下布局默认纵向，选中横向打印，按确定（注意：每次操作时检查一下，注意修改）。

（3）修改好点击确定，出现“打印方式选择”对话框，同时电脑右下角会出现一个小打印机的图标（注意：图标消失后再执行打印输出操作）。

（4）“打印方式选择”中进行宽、高设置，同开始建立页面时设置一样，然后点击“设定”，再点击“数据处理”，等待打印即可。

3. 输出前的操作

（1）对位，中间是“0”刻度，左右数值一样即可，布和色带是居中平行的。

（2）布和色带要左右绷紧。

（3）打印输出前注意不要插 U 盘。

校准色带和布的上法，如图 5-4 所示。

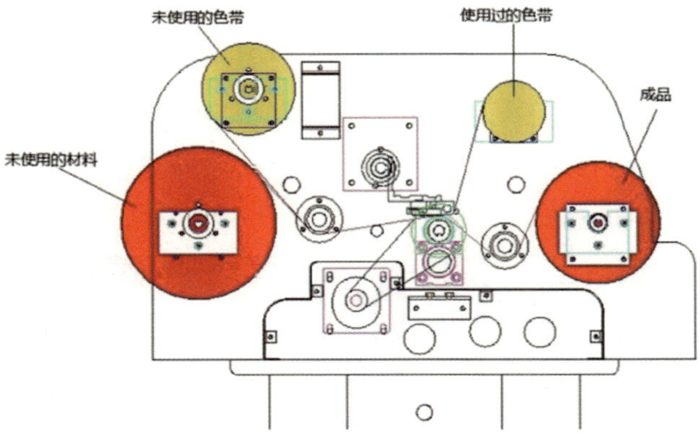

图 5-4　校准色带和布的上法

二、刻字机

（一）刻字机的概念

刻字机又称刻绘机、割字机，是广告招牌行业最常用的工具之一。近几年，国产刻字机的技术越来越成熟，价格也越来越低，刻字机几乎成为广告招牌行业最基本的工具。具体地说，它是一种和电脑相连接，接受电脑的指令，由电脑控制驱动的设备。如图 5-5、图 5-6 所示。

图 5-5　刻字机 1

图 5-6　刻字机 2

（二）刻字机的耗材

刻字纸，是户内外广告招牌装饰等使用最广泛的材料之一。此类产品由三部分组成：面层为 PVC 膜，中间是高黏度的油性不干胶，底层是离型纸。颜色有黑、红、蓝、黄、金、银等。如图 5-7 所示。

图 5-7　刻字纸

此类产品的质量鉴别需考虑以下几点：耐候性、色彩的饱和度、抗老化性、胶水的持黏力。

（三）刻字机的基本操作知识

（1）将机器放在平整的桌面或支架上，机器后面要有足够的空间，以便放纸。若是捆纸很重，请把要刻绘长度的纸先松出来，以免造成前后失步。

（2）插上电源线和数据线，数据线连在电脑主机的 COM 口上，如图 5-8 所示。

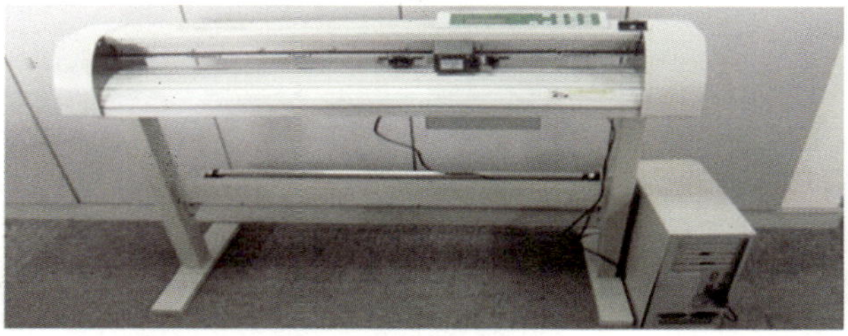

图 5-8 刻字机连接

（3）打开电源开关，小车会自动归位，此时显示屏显示脱机，在原点周围有四个方向键，分别是进纸、退纸、左移、右移。按“联机”键，显示联机状态，这时机器其他键都失去作用，只有“联机”和“复位”键才有效。在脱机状态下，按下“确认”，再按方向键，可以测试纸张的长度和宽度。

（4）调整刀尖，一般情况下，刀尖露出来的长度略大于上层纸张的厚度。脱机状态下，按“自检”，机器会自动刻绘一个正方形。这时检测刀尖露出的长度及刀压调节是否合适，若不合适还得重新调整。如图 5-9 所示。

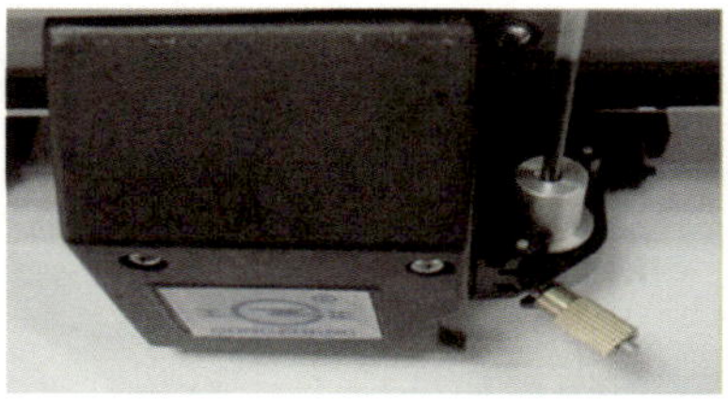

图 5-9 刀尖的调整

（5）在脱机状态下，按“刀压”键，然后按前后方向键进行压力调节，后退键为加压。普通型的压力数值为 215 到 245，加重型（反光膜刻字机）为 70 到 100，设置完成后按“确认”键保存。

（6）在脱机状态下，按“速度”键，再按前后方向键进行速度调节，后退键为加速，一般在 70 到 78。刻小字时，请适当减低速度，设置完成后按“确认”键保存。

（7）当刻绘或自检时发生异常，按“暂停”键，机器会立即停止工作，以便查看和保护机器。

（8）初次使用时，检查无异常后就可以放纸了，抬起压纸器，将纸张从压轮底下穿过来，纸张要对齐。这里有个技巧，一般在纸张的背面都有很多线条，选中某一条横线，将这条横线的两头与机器铝合金的加强径对齐即可，然后按前后方向键使纸张来回走动几下，检查一下纸张走起来偏不偏，不偏就可以定原点了。如图 5-10 所示。

（9）用方向键移动小车到将要刻绘的起始点，按“原点”，显示联机，然后在电脑上打开刻绘大师软件，输出文件。如图 5-11 所示。

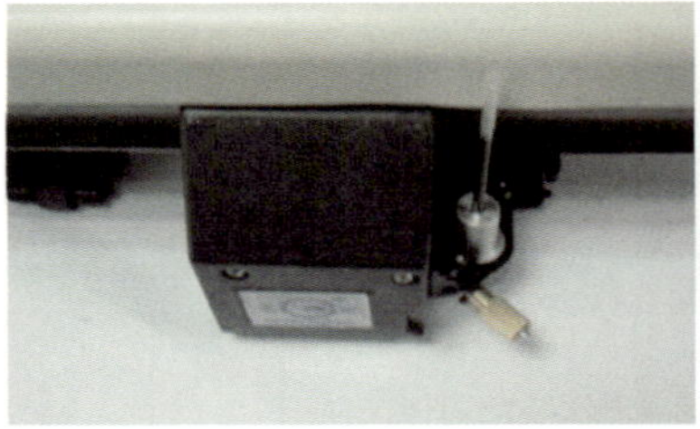

图 5-10　纸张的对齐

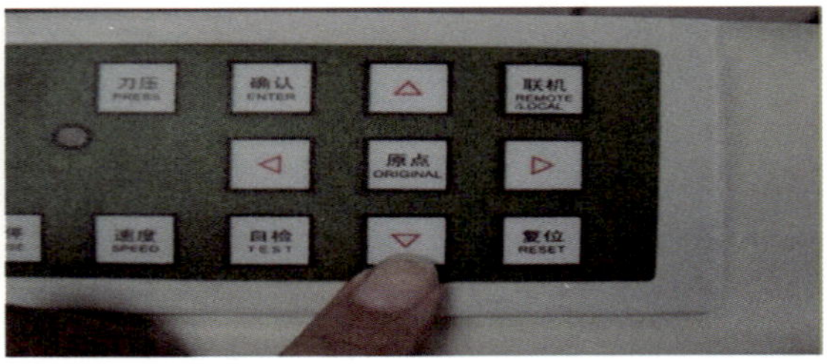

图 5-11　小车起始点调整

（10）刻绘过程中，如想看看效果或其他非紧急状态下，按“暂停”键，然后再按“联机”键，显示联机状态，机器会返回刚才刻的地方继续刻绘。

（11）刻绘完成后请按“联机”键或“复位”键，移动纸张，不要强行拉拽。

（12）完成工作后，请将纸从机器上卸下，将压纸器抬起，关闭电源，若长期不用请将电源线拔下，盖上机罩。

三、喷绘机

（一）喷绘机的概念

喷绘是广告界一种基本的、比较传统的表现技法，由喷绘机制作，采用油性墨水，不怕水，多用于户外广告、围挡等，也可用于室内的背景等，优点是价格便宜、面积大。

喷绘机是一种大型打印机系列的产品，是喷头在材料上喷出墨水，就像打印机一样。如图 5-12 所示。

图 5-12　喷绘机

（二）喷绘机的原理与耗材

1. 原理

目前国内使用的喷绘机的原理主要有点态喷绘和雾状喷绘两种。两种原理的差异导致画面效果的差别。点态喷绘制作的画面轮廓清晰，尤其在制作线条、文字时表现最为明显。雾状喷绘使画面模糊，颜色发灰。点态喷绘画面虽然在近距离观察时颜色不柔和，但远距离观察时色彩鲜明，甚至有某种立体感。

2. 耗材

主要包括油墨（如图 5-13 所示）和布基。

图 5-13　油墨

（三）喷绘制作流程

1. 对需要用到喷绘的场地进行测量和实地考察

我们要准确地测量出需要用到喷绘的场地的面积，了解需要喷出多大的画面。如果涉及后期的画面安装，也能够了解安装的难易程度，这样才能够给予客户合理的报价。

2. 对客户所需的喷绘画面进行小样的喷制

测量出场地的尺寸后，客户请专业的设计团队设计准确的尺寸，交给喷绘公司进行画面的喷制（一般说小样）。一般根据客户提供的画面颜色，喷绘公司会喷制颜色深浅不同的画面，到底需要哪一种颜色的画面，最终由客户定夺。

3. 制作出画面

喷绘公司一般有专业的下单人员和客户进行后期制作的核对，以免出错。没有问题之后，将单子下给技师进行画面的喷制。

4. 对喷出画面进行配送和安装

喷出来的画面，一般情况下是由客户自己上门拿货的，如果需要喷绘公司进行配送和安装，将会产生一定的运费和安装费，费用的多少由路程的长短和安装的难易程度，以及需要的安装人手而定。安装效果如图 5-14 所示。

图 5-14　室外喷画安装效果

第二节丨印刷的概念与构成要素

一、 印刷术的发展

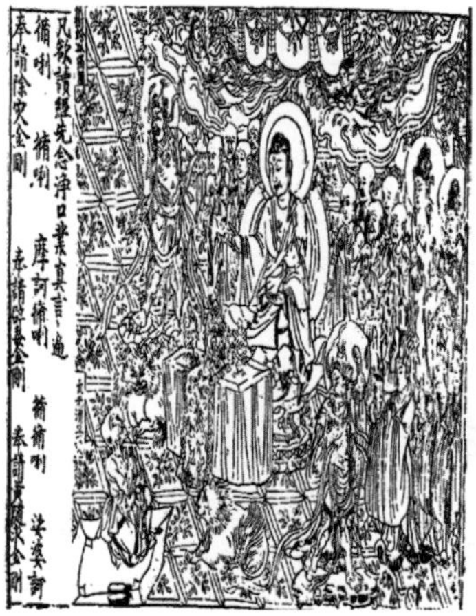

图 5–15　《金刚经》雕版印刷品

我国隋唐时期就已掌握雕版印刷术。唐代留下的《金刚经》（如图 5–15 所示）是目前世界上最早的标有确切年代的雕版印刷品（868 年印）。11 世纪中期的宋代，毕昇发明了活字印刷术，使印刷术得到普遍推广。14 至 15 世纪，欧洲开始流行印刷术。欧洲现存最早的有确切日期的雕版印刷品，是德国南部的《圣克利斯托菲尔》画像(1423 年印)，晚于我国约 600 年。1450 年前后，德国人受中国活字印刷术的影响，创制了欧洲拼音文字的活字，用来印刷书籍。印刷术传到欧洲后，改变了原来只有僧侣才能读书和接受较高教育的状况，为欧洲的科学在中世纪漫长黑夜之后突飞猛进式的发展以及文艺复兴运动的出现提供了重要的物质条件。

现代印刷术的发展与演进历程如下：

（1）15 世纪中叶，谷登堡发明铅合金活字版，19 世纪初传到中国。

（2）1845 年，德国生产第一台快速印刷机。

（3）1860 年，美国生产第一批轮转机。

（4）1900 年，德国制造 6 色轮转机。

（5）20 世纪 70 年代，感光树脂凸版、PS 版普及。

（6）20 世纪 80 年代，电分机、激光照排机完善。

（7）20 世纪 90 年代，彩色桌面出版系统（DTP）问世。

（8）20 世纪 90 年代，脱机直接制版技术（CTP）成熟。

二、印刷的定义

印刷是使用印版或其他方式将原稿上的图文信息转移到承印物的表面，使其再现的工艺技术。

广义的印刷：包括制版、印刷、印后加工。

狭义的印刷：印版上图文信息部分所黏附的色料转移到承印物表面的工艺技术。

印刷是一种对原稿图文信息的复制技术，它的最大特点是能够把原稿上的图文信息大量、经济地再现在各种各样的承印物上，而其成品还可以广泛流传和永久保存。

三、印刷的构成要素

传统印刷的五要素：原稿、印版、承印物、油墨、印刷机械。

（一）原稿

原稿是印刷中被复制的实物、画稿、照片、底片、印刷品等的总称，是制版、印刷的基础。原稿分为反射原稿、透射原稿和电子原稿。

反射原稿：以不透明材料为图文信息载体的原稿，如照片、画稿、印刷品等。

透射原稿：以透明材料为图文信息载体的原稿，如负片、反转正片。如图 5-16 所示。

电子原稿：以电子媒体为图文信息载体的原稿，如光盘、图库等。如图 5-17 所示。

图 5-16　透射原稿

图 5-17　电子原稿

（二）印版

印版是把油墨传递到承印物上的印刷图文载体，包括图文部分（印刷部分）和非图文部分（空白部分），前者为着墨部分，后者不吸附油墨。如图 5–18 所示。

图 5–18　印版

（三）承印物

承印物是接受油墨并呈现图文的各种物质的总称。

印刷中使用的承印物包罗万象，有纸张、纸板、瓦楞纸、塑料薄膜、金属、木材、玻璃、陶瓷、纤维织物等。如图 5–19 所示。

（四）油墨

油墨是在印刷的过程中，被转移到承印物上的成像物质，由色料、连接料和辅料组成。如图 5–20 所示。

图 5–19　承印物

图 5–20　油墨

（五）印刷机械

印刷机械是生产印刷品的机器和设备的总称，如图 5-21 所示。

图 5-21　四色印刷机

印前设备有照相机、电分机、扫描仪、照排机、晒版机、电雕机、直接制版机等。

印刷设备主要是印刷机。

印后设备有联动装订机（折页、切纸、包封）、切纸机、覆膜机、上光机、模切机等。

质检设备有密度计、色度计、分光光度计等。

第三节｜印刷的分类及工艺流程

一、印刷分类

按版面印刷部分和空白部分的相对关系可将印刷分为：凸版印刷、平版印刷、凹版印刷、孔版印刷。

（1）凸版印刷：印刷部分高于空白部分，印刷部分在同一平面。如图 5-22 所示。

（2）平版印刷：印刷部分与图文部分几乎在同一平面，无明显的高低之分（实际上有）。如图 5-23 所示。

（3）凹版印刷：印刷部分低于空白部分，空白部分在同一平面，层次深浅不同则凹陷深度不同。如图 5-24 所示。

（4）孔版印刷：印刷部分由大小不同或大小相同数量不同的孔洞构成，可透过油墨；空白部分无孔，不透墨。如图 5-25 所示。

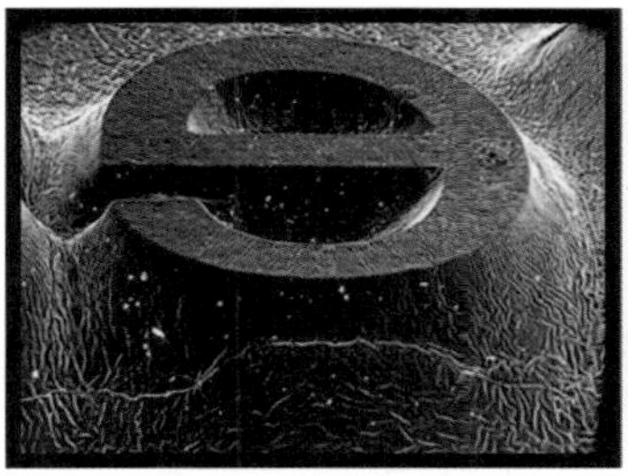

图 5-22　凸版印刷

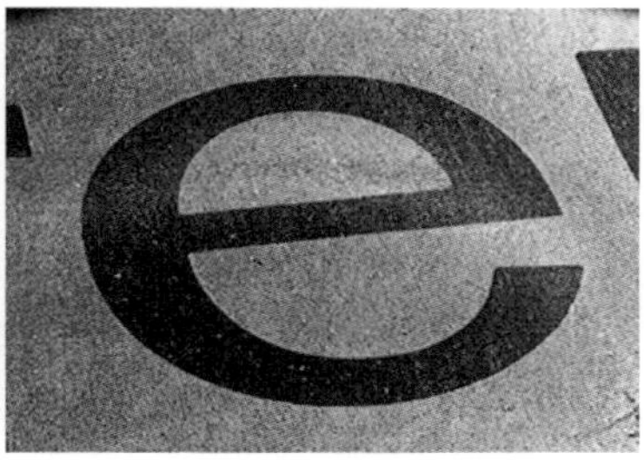

图 5-23　平版印刷

图 5-24　凹版印刷

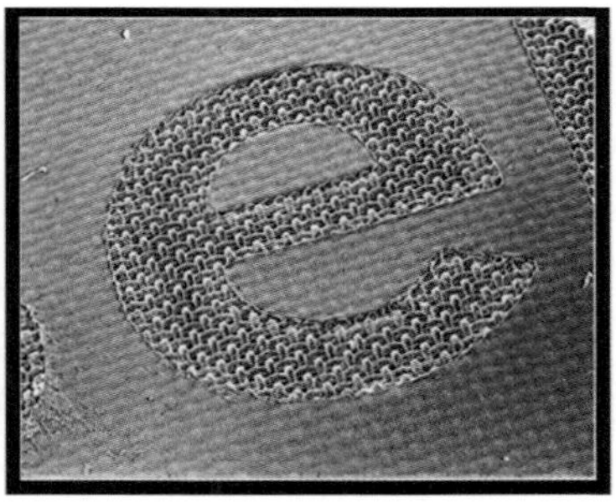

图 5-25　孔版印刷

二、印刷的工艺流程

印刷品的生产，一般要经过原稿的选择或设计、原版制作、印版晒制、印刷、印后加工等五个工艺过程。也就是说，首先选择或设计适合印刷的原稿，然后对原稿的图文信息进行处理，制作出供晒版或雕刻印版的原版（一般叫阳图底片或阴图底片），再用原版制出供印刷用的印版，最后把印版安装在印刷机上，利用输墨系统将油墨涂敷在印版表面，由压力机械加压，油墨便从印版转移到承印物上，如此复制的大量印张，经印后加工，便成了适应各种使用目的的成品。现在，人们常常把原稿的设计、图文信息处理、制版统称为印前处理，而把印版上的油墨向承印物上转移的过程叫作印刷，这样一件印刷品的完成需要经过印前处理、印刷、印后加工等过程。

印前：指印刷前期的工作，一般指摄影、设计、制作、排版、菲林打样等；

印中：指印刷中期的工作，即通过印刷机印刷出成品的过程；

印后：指印刷后期的工作，一般指印刷品的后加工，包括过胶（覆膜）、过 UV、过油、模切、烫金、击凸、装裱、装订、裁切等，多用于宣传类和包装类印刷品。

| 作业布置 |

1. 传统印刷有几大要素？各要素在印刷过程中起什么作用？
2. 简述四大印刷方式的印刷特点。
3. 简述刻字机的基本操作步骤。
4. 绘出条幅机的校准色带和布的上法图。
5. 简述喷绘广告的制作流程。

附录

《中华人民共和国广告法》

(1994 年 10 月 27 日第八届全国人民代表大会常务委员会第十次会议通过，2015 年 4 月 24 日第十二届全国人民代表大会常务委员会第十四次会议修订。)

第一章　总　　则

第一条　为了规范广告活动，保护消费者的合法权益，促进广告业的健康发展，维护社会经济秩序，制定本法。

第二条　在中华人民共和国境内，商品经营者或者服务提供者通过一定媒介和形式直接或者间接地介绍自己所推销的商品或者服务的商业广告活动，适用本法。

本法所称广告主，是指为推销商品或者服务，自行或者委托他人设计、制作、发布广告的自然人、法人或者其他组织。

本法所称广告经营者，是指接受委托提供广告设计、制作、代理服务的自然人、法人或者其他组织。

本法所称广告发布者，是指为广告主或者广告主委托的广告经营者发布广告的自然人、法人或者其他组织。

本法所称广告代言人，是指广告主以外的，在广告中以自己的名义或者形象对商品、服务作推荐、证明的自然人、法人或者其他组织。

第三条 广告应当真实、合法，以健康的表现形式表达广告内容，符合社会主义精神文明建设和弘扬中华民族优秀传统文化的要求。

第四条 广告不得含有虚假或者引人误解的内容，不得欺骗、误导消费者。

广告主应当对广告内容的真实性负责。

第五条 广告主、广告经营者、广告发布者从事广告活动，应当遵守法律、法规，诚实信用，公平竞争。

第六条 国务院工商行政管理部门主管全国的广告监督管理工作，国务院有关部门在各自的职责范围内负责广告管理相关工作。

县级以上地方工商行政管理部门主管本行政区域的广告监督管理工作，县级以上地方人民政府有关部门在各自的职责范围内负责广告管理相关工作。

第七条 广告行业组织依照法律、法规和章程的规定，制定行业规范，加强行业自律，促进行业发展，引导会员依法从事广告活动，推动广告行业诚信建设。

第二章 广告内容准则

第八条 广告中对商品的性能、功能、产地、用途、质量、成分、价格、生产者、有效期限、允诺等或者对服务的内容、提供者、形式、质量、价格、允诺等有表示的，应当准确、清楚、明白。

广告中表明推销的商品或者服务附带赠送的，应当明示所附带赠送商品或者服务的品种、规格、数量、期限和方式。

法律、行政法规规定广告中应当明示的内容，应当显著、清晰表示。

第九条 广告不得有下列情形：

（一）使用或者变相使用中华人民共和国的国旗、国歌、国徽，军旗、军歌、军徽；

（二）使用或者变相使用国家机关、国家机关工作人员的名义或者形象；

（三）使用“国家级”、“最高级”、“最佳”等用语；

（四）损害国家的尊严或者利益，泄露国家秘密；

（五）妨碍社会安定，损害社会公共利益；

（六）危害人身、财产安全，泄露个人隐私；

（七）妨碍社会公共秩序或者违背社会良好风尚；

（八）含有淫秽、色情、赌博、迷信、恐怖、暴力的内容；

（九）含有民族、种族、宗教、性别歧视的内容；

（十）妨碍环境、自然资源或者文化遗产保护；

（十一）法律、行政法规规定禁止的其他情形。

第十条 广告不得损害未成年人和残疾人的身心健康。

第十一条 广告内容涉及的事项需要取得行政许可的，应当与许可的内容相符合。

广告使用数据、统计资料、调查结果、文摘、引用语等引证内容的，应当真实、准确，并表明出处。引证内容有适用范围和有效期限的，应当明确表示。

第十二条 广告中涉及专利产品或者专利方法的，应当标明专利号和专利种类。

未取得专利权的，不得在广告中谎称取得专利权。

禁止使用未授予专利权的专利申请和已经终止、撤销、无效的专利作广告。

第十三条 广告不得贬低其他生产经营者的商品或者服务。

第十四条 广告应当具有可识别性，能够使消费者辨明其为广告。

大众传播媒介不得以新闻报道形式变相发布广告。通过大众传播媒介发布的广告应当显著标明“广告”，与其他非广告信息相区别，不得使消费者产生误解。

广播电台、电视台发布广告，应当遵守国务院有关部门关于时长、方式的规定，并应当对广告时长作出明显提示。

第十五条 麻醉药品、精神药品、医疗用毒性药品、放射性药品等特殊药品，药品类易制毒化学品，以及戒毒治疗的药品、医疗器械和治疗方法，不得作广告。

前款规定以外的处方药，只能在国务院卫生行政部门和国务院药品监督管理部门共同指定的医学、药学专业刊物上作广告。

第十六条　医疗、药品、医疗器械广告不得含有下列内容：

（一）表示功效、安全性的断言或者保证；

（二）说明治愈率或者有效率；

（三）与其他药品、医疗器械的功效和安全性或者其他医疗机构比较；

（四）利用广告代言人作推荐、证明；

（五）法律、行政法规规定禁止的其他内容。

药品广告的内容不得与国务院药品监督管理部门批准的说明书不一致，并应当显著标明禁忌、不良反应。处方药广告应当显著标明“本广告仅供医学药学专业人士阅读”，非处方药广告应当显著标明“请按药品说明书或者在药师指导下购买和使用”。

推荐给个人自用的医疗器械的广告，应当显著标明“请仔细阅读产品说明书或者在医务人员的指导下购买和使用”。医疗器械产品注册证明文件中有禁忌内容、注意事项的，广告中应当显著标明“禁忌内容或者注意事项详见说明书”。

第十七条　除医疗、药品、医疗器械广告外，禁止其他任何广告涉及疾病治疗功能，并不得使用医疗用语或者易使推销的商品与药品、医疗器械相混淆的用语。

第十八条　保健食品广告不得含有下列内容：

（一）表示功效、安全性的断言或者保证；

（二）涉及疾病预防、治疗功能；

（三）声称或者暗示广告商品为保障健康所必需；

（四）与药品、其他保健食品进行比较；

（五）利用广告代言人作推荐、证明；

（六）法律、行政法规规定禁止的其他内容。

保健食品广告应当显著标明“本品不能代替药物”。

第十九条　广播电台、电视台、报刊音像出版单位、互联网信息服务提供者不得以介绍健康、养生知识等形式变相发布医疗、药品、医疗器械、保健食品广告。

第二十条　禁止在大众传播媒介或者公共场所发布声称全部或者部分替代母乳的婴儿乳制品、饮料和其他食品广告。

第二十一条　农药、兽药、饲料和饲料添加剂广告不得含有下列内容：

（一）表示功效、安全性的断言或者保证；

（二）利用科研单位、学术机构、技术推广机构、行业协会或者专业人士、用户的名义或者形象作推荐、证明；

（三）说明有效率；

（四）违反安全使用规程的文字、语言或者画面；

（五）法律、行政法规规定禁止的其他内容。

第二十二条　禁止在大众传播媒介或者公共场所、公共交通工具、户外发布烟草广告。禁止向未成年人发送任何形式的烟草广告。

禁止利用其他商品或者服务的广告、公益广告，宣传烟草制品名称、商标、包装、装潢以及类似内容。

烟草制品生产者或者销售者发布的迁址、更名、招聘等启事中，不得含有烟草制品名称、商标、包装、装潢以及类似内容。

第二十三条　酒类广告不得含有下列内容：

（一）诱导、怂恿饮酒或者宣传无节制饮酒；

（二）出现饮酒的动作；

（三）表现驾驶车、船、飞机等活动；

（四）明示或者暗示饮酒有消除紧张和焦虑、增加体力等功效。

第二十四条　教育、培训广告不得含有下列内容：

（一）对升学、通过考试、获得学位学历或者合格证书，或者对教育、培训的效果作出明示或者暗示的保证性承诺；

（二）明示或者暗示有相关考试机构或者其工作人员、考试命题人员参与教育、培训；

（三）利用科研单位、学术机构、教育机构、行业协会、专业人士、受益者的名义或者形象作推荐、证明。

第二十五条　招商等有投资回报预期的商品或者服务广告，应当对可能存在的风险以及风险责任承担有合理提示或者警示，并不得含有下列内容：

（一）对未来效果、收益或者与其相关的情况作出保证性承诺，明示或者暗示保本、无风险或者保收益等，国家另有规定的除外；

（二）利用学术机构、行业协会、专业人士、受益者的名义或者形象作推荐、证明。

第二十六条　房地产广告，房源信息应当真实，面积应当表明为建筑面积或者套内建筑面积，并不得含有下列内容：

（一）升值或者投资回报的承诺；

（二）以项目到达某一具体参照物的所需时间表示项目位置；

（三）违反国家有关价格管理的规定；

（四）对规划或者建设中的交通、商业、文化教育设施以及其他市政条件作误导宣传。

第二十七条　农作物种子、林木种子、草种子、种畜禽、水产苗种和种养殖广告关于品种名称、生产性能、生长量或者产量、品质、抗性、特殊使用价值、经济价值、适宜种植或者养殖的范围和条件等方面的表述应当真实、清楚、明白，并不得含有下列内容：

（一）作科学上无法验证的断言；

（二）表示功效的断言或者保证；

（三）对经济效益进行分析、预测或者作保证性承诺；

（四）利用科研单位、学术机构、技术推广机构、行业协会或者专业人士、用户的名义或者形象作推荐、证明。

第二十八条　广告以虚假或者引人误解的内容欺骗、误导消费者的，构成虚假广告。

广告有下列情形之一的，为虚假广告：

（一）商品或者服务不存在的；

（二）商品的性能、功能、产地、用途、质量、规格、成分、价格、生产者、有效期限、销售状况、曾获荣誉等信息，或者服务的内容、提供者、形式、质量、价格、销售状况、曾获荣誉等信息，以及与商品或者服务有关的允诺等信息与实际情况不符，对购买行为有实质性影响的；

（三）使用虚构、伪造或者无法验证的科研成果、统计资料、调查结果、文摘、引用语等信息作证明材料的；

（四）虚构使用商品或者接受服务的效果的；

（五）以虚假或者引人误解的内容欺骗、误导消费者的其他情形。

第三章　广告行为规范

第二十九条　广播电台、电视台、报刊出版单位从事广告发布业务的，应当设有专门从事广告业务的机构，配备必要的人员，具有与发布广告相适应的场所、设备，并向县级以上地方工商行政管理部门办理广告发布登记。

第三十条　广告主、广告经营者、广告发布者之间在广告活动中应当依法订立书面合同。

第三十一条　广告主、广告经营者、广告发布者不得在广告活动中进行任何形式的不正当竞争。

第三十二条　广告主委托设计、制作、发布广告，应当委托具有合法经营资格的广告经营者、广告发布者。

第三十三条　广告主或者广告经营者在广告中使用他人名义或者形象的，应当事先取得其书面同意；使用无民事行为能力人、限制民事行为能力人的名义或者形象的，应当事先取得其监护人的书面同意。

第三十四条　广告经营者、广告发布者应当按照国家有关规定，建立、健全广告业务的承接登记、审核、档案管理制度。

广告经营者、广告发布者依据法律、行政法规查验有关证明文件，核对广告内容。对内容不符或者证明文件不全的广告，广告经营者不得提供设计、制作、代理服务，广告发布者不得发布。

第三十五条　广告经营者、广告发布者应当公布其收费标准和收费办法。

第三十六条　广告发布者向广告主、广告经营者提供的覆盖率、收视率、点击率、发行量等资料应当真实。

第三十七条　法律、行政法规规定禁止生产、销售的产品或者提供的服务，以及禁止发布广告的商品或者服务，任何单位或者个人不得设计、制作、代理、发布广告。

第三十八条　广告代言人在广告中对商品、服务作推荐、证明，应当依据事实，符合本法和有关法律、行政法规规定，并不得为其未使用过的商品或者未接受过的服务作推荐、证明。

不得利用不满十周岁的未成年人作为广告代言人。

对在虚假广告中作推荐、证明受到行政处罚未满三年的自然人、法人或者其他组织，不得利用其作为广告代言人。

第三十九条 不得在中小学校、幼儿园内开展广告活动，不得利用中小学生和幼儿的教材、教辅材料、练习册、文具、教具、校服、校车等发布或者变相发布广告，但公益广告除外。

第四十条 在针对未成年人的大众传播媒介上不得发布医疗、药品、保健食品、医疗器械、化妆品、酒类、美容广告，以及不利于未成年人身心健康的网络游戏广告。

针对不满十四周岁的未成年人的商品或者服务的广告不得含有下列内容：

（一）劝诱其要求家长购买广告商品或者服务；

（二）可能引发其模仿不安全行为。

第四十一条 县级以上地方人民政府应当组织有关部门加强对利用户外场所、空间、设施等发布户外广告的监督管理，制定户外广告设置规划和安全要求。

户外广告的管理办法，由地方性法规、地方政府规章规定。

第四十二条 有下列情形之一的，不得设置户外广告：

（一）利用交通安全设施、交通标志的；

（二）影响市政公共设施、交通安全设施、交通标志、消防设施、消防安全标志使用的；

（三）妨碍生产或者人民生活，损害市容市貌的；

（四）在国家机关、文物保护单位、风景名胜区等的建筑控制地带，或者县级以上地方人民政府禁止设置户外广告的区域设置的。

第四十三条 任何单位或者个人未经当事人同意或者请求，不得向其住宅、交通工具等发送广告，也不得以电子信息方式向其发送广告。

以电子信息方式发送广告的，应当明示发送者的真实身份和联系方式，并向接收者提供拒绝继续接收的方式。

第四十四条 利用互联网从事广告活动，适用本法的各项规定。

利用互联网发布、发送广告，不得影响用户正常使用网络。在互联网页面以弹出等形式发布的广告，应当显著标明关闭标志，确保一键关闭。

第四十五条 公共场所的管理者或者电信业务经营者、互联网信息服务提供者对其明知或者应知的利用其场所或者信息传输、发布平台发送、发布违法广告的，应当予以制止。

第四章 监督管理

第四十六条 发布医疗、药品、医疗器械、农药、兽药和保健食品广告，以及法律、行政法规规定应当进行审查的其他广告，应当在发布前由有关部门（以下称广告审查机关）对广告内容进行审查；未经审查，不得发布。

第四十七条 广告主申请广告审查，应当依照法律、行政法规向广告审查机关提交有关证明文件。

广告审查机关应当依照法律、行政法规规定作出审查决定，并应当将审查批准文件抄送同级工商行政管理部门。广告审查机关应当及时向社会公布批准的广告。

第四十八条 任何单位或者个人不得伪造、变造或者转让广告审查批准文件。

第四十九条 工商行政管理部门履行广告监督管理职责，可以行使下列职权：

（一）对涉嫌从事违法广告活动的场所实施现场检查；

（二）询问涉嫌违法当事人或者其法定代表人、主要负责人和其他有关人员，对有关单位或者个人进行调查；

（三）要求涉嫌违法当事人限期提供有关证明文件；

（四）查阅、复制与涉嫌违法广告有关的合同、票据、账簿、广告作品和其他有关资料；

（五）查封、扣押与涉嫌违法广告直接相关的广告物品、经营工具、设备等财物；

（六）责令暂停发布可能造成严重后果的涉嫌违法广告；

（七）法律、行政法规规定的其他职权。

工商行政管理部门应当建立健全广告监测制度，完善监测措施，及时发现和依法查处违法广告行为。

第五十条 国务院工商行政管理部门会同国务院有关部门，制定大众传播媒介广告发布行为规范。

第五十一条 工商行政管理部门依照本法规定行使职权，当事人应当协助、配合，不得拒绝、阻挠。

第五十二条 工商行政管理部门和有关部门及其工作人员对其在广告监督管理活动中知悉的商业秘密负有保密义务。

第五十三条 任何单位或者个人有权向工商行政管理部门和有关部门投诉、举报违反本法的行为。工商行政管理部门和有关部门应当向社会公开受理投诉、举报的电话、信箱或者电子邮件地址，接到投诉、举报的部门应当自收到投诉之日起七个工作日内，予以处理并告知投诉、举报人。

工商行政管理部门和有关部门不依法履行职责的，任何单位或者个人有权向其上级机关或者监察机关举报。接到举报的机关应当依法作出处理，并将处理结果及时告知举报人。

有关部门应当为投诉、举报人保密。

第五十四条 消费者协会和其他消费者组织对违反本法规定，发布虚假广告侵害消费者合法权益，以及其他损害社会公共利益的行为，依法进行社会监督。

第五章 法律责任

第五十五条 违反本法规定，发布虚假广告的，由工商行政管理部门责令停止发布广告，责令广告主在相应范围内消除影响，处广告费用三倍以上五倍以下的罚款，广告费用无法计算或者明显偏低的，处二十万元以上一百万元以下的罚款；两年内有三次以上违法行为或者有其他严重情节的，处广告费用五倍以上十倍以下的罚款，广告费用无法计算或者明显偏低的，处一百万元以上二百万元以下的罚款，可以吊销营业执照，并由广告审查机关撤销广告审查批准文件、一年内不受理其广告审查申请。

医疗机构有前款规定违法行为，情节严重的，除由工商行政管理部门依照本法处罚外，卫生行政部门可以吊销诊疗科目或者吊销医疗机构执业许可证。

广告经营者、广告发布者明知或者应知广告虚假仍设计、制作、代理、发布的，由工商行政管理部门没收广告费用，并处广告费用三倍以上五倍以下的罚款，广告费用无法计算或者明显偏低的，处二十万元以上一百万元以下的罚款；两年内有三次以上违法行为或者有其他严重情节的，处广告费用五倍以上十倍以下的罚款，广告费用无法计算或者明显偏低的，处一百万元以上二百万元以下的罚款，并可以由有关部门暂停广告发布业务、吊销营业执照、吊销广告发布登记证件。

广告主、广告经营者、广告发布者有本条第一款、第三款规定行为，构成犯罪的，依法追究刑事责任。

第五十六条 违反本法规定，发布虚假广告，欺骗、误导消费者，使购买商品或者接受服务的消费者的合法权益受到损害的，由广告主依法承担民事责任。广告经营者、广告发布者不能提供广告主的真实名称、地址和有效联系方式的，消费者可以要求广告经营者、广告发布者先行赔偿。

关系消费者生命健康的商品或者服务的虚假广告，造成消费者损害的，其广告经营者、广告发布者、广告代言人应当与广告主承担连带责任。

前款规定以外的商品或者服务的虚假广告，造成消费者损害的，其广告经营者、广告发布者、广告代言人，明知或者应知广告虚假仍设计、制作、代理、发布或者作推荐、证明的，应当与广告主承担连带责任。

第五十七条 有下列行为之一的，由工商行政管理部门责令停止发布广告，对广告主处二十万元以上一百万元以下的罚款，情节严重的，并可以吊销营业执照，由广告审查机关撤销广告审查批准文件、一年内不受理其广告审查申请；对广告经营者、广告发布者，由工商行政管理部门没收广告费用，处二十万元以上一百万元以下的罚款，情节严重的，并可以吊销营业执照、吊销广告发布登记证件：

(一) 发布有本法第九条、第十条规定的禁止情形的广告的；

(二) 违反本法第十五条规定发布处方药广告、药品类易制毒化学品广告、戒毒治疗的医疗器械和治疗方法广告的；

(三) 违反本法第二十条规定，发布声称全部或者部分替代母乳的婴儿乳制品、饮料和其他食品广告的；

(四) 违反本法第二十二条规定发布烟草广告的；

(五) 违反本法第三十七条规定，利用广告推销禁止生产、销售的产品或者提供的服务，或者禁止发布广告的商品或者服务的；

(六) 违反本法第四十条第一款规定，在针对未成年人的大众传播媒介上发布医疗、药品、保健食品、医疗器械、化妆品、酒类、美容广告，以及不利于未成年人身心健康的网络游戏广告的。

第五十八条 有下列行为之一的，由工商行政管理部门责令停止发布广告，责令广告主在相应范围内消除影响，处广告费用一倍以上三倍以下的罚款，广告费用无法计算或者明显偏低的，处十万元以上二十万元以下的罚款；情节严重的，处广告费用三倍以上五倍以下的罚款，广告费用无法计算或者明显偏低的，处二十万元以上一百万元以下的罚款，可以吊销营业执照，并由广告审查机关撤销广告审查批准文件、一年内不受理其广告审查申请：

（一）违反本法第十六条规定发布医疗、药品、医疗器械广告的；

（二）违反本法第十七条规定，在广告中涉及疾病治疗功能，以及使用医疗用语或者易使推销的商品与药品、医疗器械相混淆的用语的；

（三）违反本法第十八条规定发布保健食品广告的；

（四）违反本法第二十一条规定发布农药、兽药、饲料和饲料添加剂广告的；

（五）违反本法第二十三条规定发布酒类广告的；

（六）违反本法第二十四条规定发布教育、培训广告的；

（七）违反本法第二十五条规定发布招商等有投资回报预期的商品或者服务广告的；

（八）违反本法第二十六条规定发布房地产广告的；

（九）违反本法第二十七条规定发布农作物种子、林木种子、草种子、种畜禽、水产苗种和种养殖广告的；

（十）违反本法第三十八条第二款规定，利用不满十周岁的未成年人作为广告代言人的；

（十一）违反本法第三十八条第三款规定，利用自然人、法人或者其他组织作为广告代言人的；

（十二）违反本法第三十九条规定，在中小学校、幼儿园内或者利用与中小学生、幼儿有关的物品发布广告的；

（十三）违反本法第四十条第二款规定，发布针对不满十四周岁的未成年人的商品或者服务的广告的；

（十四）违反本法第四十六条规定，未经审查发布广告的。

医疗机构有前款规定违法行为，情节严重的，除由工商行政管理部门依照本法处罚外，卫生行政部门可以吊销诊疗科目或者吊销医疗机构执业许可证。

广告经营者、广告发布者明知或者应知有本条第一款规定违法行为仍设计、制作、代理、发布的，由工商行政管理部门没收广告费用，并处广告费用一倍以上三倍以下的罚款，广告费用无法计算或者明显偏低的，处十万元以上二十万元以下的罚款；情节严重的，处广告费用三倍以上五倍以下的罚款，广告费用无法计算或者明显偏低的，处二十万元以上一百万元以下的罚款，并可以由有关部门暂停广告发布业务、吊销营业执照、吊销广告发布登记证件。

第五十九条 有下列行为之一的，由工商行政管理部门责令停止发布广告，对广告主处十万元以下的罚款：

（一）广告内容违反本法第八条规定的；

（二）广告引证内容违反本法第十一条规定的；

（三）涉及专利的广告违反本法第十二条规定的；

（四）违反本法第十三条规定，广告贬低其他生产经营者的商品或者服务的。

广告经营者、广告发布者明知或者应知有前款规定违法行为仍设计、制作、代理、发布的，由工商行政管理部门处十万元以下的罚款。

广告违反本法第十四条规定，不具有可识别性的，或者违反本法第十九条规定，变相发布医疗、药品、医疗器械、保健食品广告的，由工商行政管理部门责令改正，对广告发布者处十万元以下的罚款。

第六十条 违反本法第二十九条规定，广播电台、电视台、报刊出版单位未办理广告发布登记，擅自从事广告发布业务的，由工商行政管理部门责令改正，没收违法所得，违法所得一万元以上的，并处违法所得一倍以上三倍以下的罚款；违法所得不足一万元的，并处五千元以上三万元以下的罚款。

第六十一条 违反本法第三十四条规定，广告经营者、广告发布者未按照国家有关规定建立、健全广告业务管理制度的，或者未对广告内容进行核对的，由工商行政管理部门责令改正，可以处五万元以下的罚款。

违反本法第三十五条规定，广告经营者、广告发布者未公布其收费标准和收费办法的，由价格主管部门责令改正，可以处五万元以下的罚款。

第六十二条 广告代言人有下列情形之一的，由工商行政管理部门没收违法所得，并处违法所得一倍以上二倍以下的罚款：

（一）违反本法第十六条第一款第四项规定，在医疗、药品、医疗器械广告中作推荐、证明的；

（二）违反本法第十八条第一款第五项规定，在保健食品广告中作推荐、证明的；

（三）违反本法第三十八条第一款规定，为其未使用过的商品或者未接受过的服务作推荐、证明的；

（四）明知或者应知广告虚假仍在广告中对商品、服务作推荐、证明的。

第六十三条　违反本法第四十三条规定发送广告的，由有关部门责令停止违法行为，对广告主处五千元以上三万元以下的罚款。

违反本法第四十四条第二款规定，利用互联网发布广告，未显著标明关闭标志，确保一键关闭的，由工商行政管理部门责令改正，对广告主处五千元以上三万元以下的罚款。

第六十四条　违反本法第四十五条规定，公共场所的管理者和电信业务经营者、互联网信息服务提供者，明知或者应知广告活动违法不予制止的，由工商行政管理部门没收违法所得，违法所得五万元以上的，并处违法所得一倍以上三倍以下的罚款，违法所得不足五万元的，并处一万元以上五万元以下的罚款；情节严重的，由有关部门依法停止相关业务。

第六十五条　违反本法规定，隐瞒真实情况或者提供虚假材料申请广告审查的，广告审查机关不予受理或者不予批准，予以警告，一年内不受理该申请人的广告审查申请；以欺骗、贿赂等不正当手段取得广告审查批准的，广告审查机关予以撤销，处十万元以上二十万元以下的罚款，三年内不受理该申请人的广告审查申请。

第六十六条　违反本法规定，伪造、变造或者转让广告审查批准文件的，由工商行政管理部门没收违法所得，并处一万元以上十万元以下的罚款。

第六十七条　有本法规定的违法行为的，由工商行政管理部门记入信用档案，并依照有关法律、行政法规规定予以公示。

第六十八条　广播电台、电视台、报刊音像出版单位发布违法广告，或者以新闻报道形式变相发布广告，或者以介绍健康、养生知识等形式变相发布医疗、药品、医疗器械、保健食品广告，工商行政管理部门依照本法给予处罚的，应当通报新闻出版广电部门以及其他有关部门。新闻出版广电部门以及其他有关部门应当依法对负有责任的主管人员和直接责任人员给予处分；情节严重的，并可以暂停媒体的广告发布业务。

新闻出版广电部门以及其他有关部门未依照前款规定对广播电台、电视台、报刊音像出版单位进行处理的，对负有责任的三管人员和直接责任人员，依法给予处分。

第六十九条　广告主、广告经营者、广告发布者违反本法规定，有下列侵权行为之一的，依法承担民事责任：

（一）在广告中损害未成年人或者残疾人的身心健康的；

（二）假冒他人专利的；

（三）贬低其他生产经营者的商品、服务的；

（四）在广告中未经同意使用他人名义或者形象的；

（五）其他侵犯他人合法民事权益的。

第七十条　因发布虚假广告，或者有其他本法规定的违法行为，被吊销营业执照的公司、企业的法定代表人，对违法行为负有个人责任的，自该公司、企业被吊销营业执照之日起三年内不得担任公司、企业的董事、监事、高级管理人员。

第七十一条　违反本法规定，拒绝、阻挠工商行政管理部门监督检查，或者有其他构成违反治安管理行为的，依法给予治安管理处罚；构成犯罪的，依法追究刑事责任。

第七十二条　广告审查机关对违法的广告内容作出审查批准决定的，对负有责任的主管人员和直接责任人员，由任免机关或者监察机关依法给予处分；构成犯罪的，依法追究刑事责任。

第七十三条　工商行政管理部门对在履行广告监测职责中发现的违法广告行为或者对经投诉、举报的违法广告行为，不依法予以查处的，对负有责任的主管人员和直接责任人员，依法给予处分。

工商行政管理部门和负责广告管理相关工作的有关部门的工作人员玩忽职守、滥用职权、徇私舞弊的，依法给予处分。

有前两款行为，构成犯罪的，依法追究刑事责任。

第六章　附　　则

第七十四条　国家鼓励、支持开展公益广告宣传活动，传播社会主义核心价值观，倡导文明风尚。

大众传播媒介有义务发布公益广告。广播电台、电视台、报刊出版单位应当按照规定的版面、时段、时长发布公益广告。公益广告的管理办法，由国务院工商行政管理部门会同有关部门制定。

第七十五条　本法自2015年9月1日起施行。

参考文献

[1] 吴剑．创字录．北京：人民邮电出版社，2017.

[2] 廖洁连．中国字体设计人：一字一生．武汉：华中科技大学出版社，2012.

[3] 朱健强．平面广告视觉设计．厦门：厦门大学出版社，2010.

[4] 何晓辉．印刷原理与工艺．北京：印刷工业出版社，2008.

[5] 何洁．广告与视觉传达设计．北京：中国轻工业出版社，2003.

[6] 赵琛．中国近代广告文化．长春：吉林科学技术出版社，2001.

[7] 李莉婷．色彩构成．武汉：湖北美术出版社，2001.

[8] 中华人民共和国广告法．